LES
RÉALITÉS ALGÉRIENNES

Étude sur la situation économique de l'Algérie

(1881-1905)

PAR

Emile MACQUART

BLIDA

IMPRIMERIE ADMINISTRATIVE A. MAUGUIN

Place d'Armes

—

1906

LES
RÉALITÉS ALGÉRIENNES

Etude sur la situation économique de l'Algérie

(1881-1905)

PAR

Emile MACQUART

PUBLICISTE

BLIDA
IMPRIMERIE ADMINISTRATIVE A. MAUGUIN
Place d'Armes
—
1906

LES RÉALITÉS ALGÉRIENNES

Etude sur la situation économique de l'Algérie

(1881-1905)

Cette étude a pour objet d'examiner :

Quelle est, d'une façon générale, la situation économique actuelle de l'Algérie, et, d'une façon plus particulière, quels progrès y ont été réalisés au cours des derniers vingt-cinq ans, c'est-à-dire du dernier tiers de l'existence de l'Algérie française.

Un travail de ce genre relève essentiellement :

1° de l'étude des statistiques, qui n'exige que des précautions élémentaires pour pouvoir être menée à bonne fin.

2° de l'observation directe qui, suivant l'habileté plus ou moins grande, la tendance d'esprit optimiste ou pessimiste de l'observateur, ses idées préconçues et ses préjugés, dont nul ne saurait se vanter d'être rigoureusement affranchi, comporte un coefficient d'erreur personnelle évidemment très variable, mais toujours relativement important.

C'est nécessairement l'étude des statistiques qui constitue la base d'un travail de ce genre. L'observation qui, quelque générale qu'elle soit, ne peut jamais embrasser que des cas particuliers, ne doit être utilisée que comme un simple moyen de contrôle, et toujours avec la plus extrême prudence, dans le cas d'ailleurs exceptionnel où des statistiques manifestement erronées ne pourraient être rectifiées par un autre moyen.

La tâche est aisée si les statistiques sont justes ou du moins approximativement exactes ; si, pour les différentes périodes auxquelles elles s'appliquent, elles ont été conçues et établies d'une manière uniforme ; si elles ne présentent ni lacunes, ni contradictions.

Dans le cas contraire, et qui est du reste le plus fréquent, le statisticien ne se trouve pas pour cela désarmé et dans l'impossibilité d'utiliser les matériaux qu'il a pu réunir ; son étude doit simplement être précédée d'un travail préparatoire ayant pour but, autant qu'il est possible, de donner à ces matériaux la précision qui leur manque, de rétablir l'identité de leur base de comparaison, de combler les vides, enfin de redresser les erreurs manifestes. Il est rare qu'il n'y parvienne s'il sait user judicieusement des confrontations de chiffres et des ressources du calcul.

J'ajouterai encore qu'il n'est pas légitime, dans une pareille question, de partir d'une année isolée pour aboutir à une autre année considérée isolément. L'une ou l'autre et même l'une et l'autre peuvent être anormalement élevées ou basses, et l'on s'expose ainsi à faire dire aux chiffres, — de bonne foi, — exactement l'opposé de leur signification réelle. La seule façon d'y obvier, en éliminant autant que possible les causes d'erreurs accidentelles, est de comparer non point des années considérées isolément, mais des périodes de plusieurs années.

D'une manière générale, je comparerai donc dans ce travail les moyennes de la période 1881-1885 avec les moyennes de la période 1901-1905.

Cela dit en guise de préambule, j'aborde immédiatement l'examen des statistiques algériennes :

I

LA POPULATION

Commençons par les statistiques démographiques. Nous voici en présence d'une première difficulté : les divers recensements ne sont pas rigoureusement comparables ; les recensements de 1881, 1886 et 1896 comprennent l'armée, qui n'est pas comprise dans les recensements de 1891 et de 1901. En outre, tandis que, dans les recensements de 1881 à 1896 inclus, la ''population comptée à part'' a été effectivement comptée à part, elle est, dans le recensement de 1901, confondue dans les différentes colonnes de la population municipale détaillée

Rétablissons ces chiffres sur une base uniforme ; la chose est facile. Nous obtenons les résultats suivants : [1]

POPULATION TOTALE DE L'ALGÉRIE
(Armée non comprise)

Recensements de	Européens	Indigènes	Total
1881	412.745	2.844.667	3.257.412
1886	466.184	3.298.122	3,764.306
1891	533.017	3.591.715	4.124.732
1896	580.890	3.795.531	4·376.421
1901	640.976	4.098.355	4.739.331

(1) Il serait absurde d'attribuer à ces chiffres ainsi qu'aux suivants, particulièrement en ce qui concerne la population indigène, une rigueur mathématique, et je ne le fais pas. Mais il serait peut-être non moins absurde de leur dénier une valeur réelle. Il existe en Algérie 251 communes de plein exercice et 75 communes mixtes. Si l'on admet un minimum de recenseurs de 300 pour les premières et de 100 pour les secondes, on se rendra compte facilement, sans calcul, du moment qu'on se rappellera les premières lignes de sa table de logarithmes, que la probabilité que leurs erreurs se soient accumulées est de 1 sur un nombre de plus de 43 chiffres pou les secondes, et de 1 sur un nombre de plus de 130 chiffres pour les premières ; cette probabilité peut donc être considérée comme pratiquement nulle. Il ne sera peut-être pas inutile pour tout le monde de faire remarquer que cela revient tout simplement à dire ceci: S'il pleut pendant vingt-quatre heures, tous les pavés de la place de la Concorde sont également mouillés.

J'ajoute que, d'autre part, il ressort de ces chiffres un taux annuel moyen d'accroissement de la population tel (2,23 pour les européens, y compris l'immigration, et 1,93 pour les indigènes). qu'on en imaginerait difficilement de plus vraisemblables.

Sur ces bases, voici comment s'établirait la population moyenne totale de l'Algérie pendant les périodes ci-dessous :

POPULATION TOTALE DE L'ALGÉRIE
(Armée non comprise)

Moyenne des périodes	Européens	Indigènes	Total
1881-1885	434.120	3.026.049	3.460.169
1886-1890	492.916	3.415.558	3.908.474
1891-1895	552.165	3.673.242	4.225,407
1896-1900	604.925	3.916.660	4.521.585
1901-1905	663.114	4.218.397	4.881.511

L'augmentation, de 1881-85 à 1901-05, est de :

POPULATION

Européenne	Indigène	Totale
228.994	1.192.348	1.421.342
soit pour cent : 53	39	41

La population européenne, qui comprenait, il y a vingt-cinq ans, 12 1/2 pour cent de la population totale de l'Algérie en comprend donc à l'heure actuelle 13 1/2 pour cent.

En d'autres termes,

Alors que, sur deux cents habitants de l'Algérie, on comptait, en 1881-85, 25 européens, on en compte donc, en 1901-05, un quart de siècle plus tard, 27.

La progression ne semble pas énorme.

Mais comment se répartit cette population européenne? En premier lieu, quelle y est l'importance de l'élément agricole?

La population agricole européenne de l'Algérie (femmes et enfants compris) comptait :

en 1881-85... 164.066 individus.
en 1901-05... 197.799 d°

L'augmentation est de 33.733 d°
c'est-à-dire de 20 1/2 pour cent.

Si nous rapprochons ces chiffres de ceux de la population européenne totale, nous constatons que :

La population européenne agricole, qui comprenait il y a vingt-cinq ans près de 38 pour cent de la population européenne totale, n'en comprend plus, à l'heure actuelle, que moins de 30 pour cent.

En d'autres termes,

Alors que sur deux cents européens habitant l'Algérie on comptait en 1881-85 (femmes et enfants compris) 76 agriculteurs, on n'en compte plus en 1901-05, un quart de siècle plus tard, que 60.

Reprenons maintenant les chiffres globaux de la population européenne. Comment se décompose-t-elle ,au point de vue des nationalités ?

Les chiffres ci-dessous sont ceux des deux recensements de 1881 et 1901 :

	1881	1901
Français d'origine et naturalisés....	195.418	364.257
Israélites indigènes................	35.663	57.132
Etrangers......................	181.664	219 587
	412.745	640.976

Il ressort de ces chiffres que la population européenne étrangère proprement dite qui, en 1881, était sensiblement égale à la population française (naturalisés compris), n'en atteint plus, en 1901, que 60 pour cent, c'est-à-dire les trois-cinquièmes. L'accroissement de la prépondérance de la population française apparaît dès lors comme considérable.

Mais cette population dite "française" comprend à la fois et en bloc les Français d'origine et les naturalisés. Est-il possible d'établir la part qui, dans l'accroissement de la population dite "française", revient à ceux-ci et à ceux-là ?

Le nombre des naturalisés existant en Algérie en 1881 — tant par suite du sénatus-consulte de 1865 que des lois du 22 mars 1849 et 16 décembre 1874 et de la convention consulaire franco-espagnole du 7 janvier 1862 — atteignait en chiffres ronds, le total de 8.000.

D'autre part, le recensement de 1901 accuse l'existence de 71.793 naturalisés.

Malheureusement, ce chiffre de 71.793 naturalisés existant en Algérie à l'époque du recensement de 1901 est manifestement erronné. Le recensement de 1901 a été, à cet égard, effectué d'une manière déplorable. C'est ainsi que, dans certains cas, les recenseurs n'ont compté comme naturalisés que les naturalisés individuellement en vertu du sénatus-consulte de 1865, et inscrit comme "Français nés en Algérie" tous les autres naturalisés, et en particulier les "naturalisés automatiques" de la loi de 1889. C'est ce qui s'est produit entre autres pour la ville d'Alger, où le recensement n'accuse que 6.393 naturalisés sur 97.400 habitants, soit moins de 1 sur 13.

Dans d'autres cas, les recenseurs ont au contraire, et à juste titre, compté comme naturalisés tous les naturalisés indistinctement. C'est ce qui s'est produit entre autres pour la ville de Mustapha, où le recensement accuse, sur 38.102 habitants, 12.409 naturalisés, soit près de 1 sur 3.

Il n'est pas impossible de rectifier, avec une approximation suffisante, les chiffres du recensement de 1901. Dans une étude fort remarquable sur "La Question des Etrangers" publiée dans le *Bulletin de la Société d'Etudes Politiques et Sociales* (voir notamment le fascicule d'Avril-Juin 1904), M. Paoli, le très distingué bibliothécaire de l'Université d'Alger, était arrivé à établir, par une série de calculs et de déductions ingénieuses, que le total des naturalisés figurant dans les tableaux du dénombrement de 1901 devait être à peu près doublé, et il avançait comme représentant le nombre approximativement exact (israélites indigènes non compris) des naturalisés existant en Algérie à cette époque, le chiffre de 140.000.

Ce chiffre ne semble pas exagéré, et je serais pour ma part très disposé à l'admettre. Il emprunte une singulière autorité au discours prononcé le 25 mai 1899 devant la chambre des députés par M. le Gouverneur général Laferrière, et où celui-ci reconnaissait officiellement l'existence en Algérie de 109.000 naturalisés (israélites indigènes non compris). Or, sur cette base, le nombre des naturalisés, existant en 1901 ne saurait être inférieur à 125.000. J'ajoute que ce chiffre paraît plutôt faible.

Si je le prends cependant, de préférence à celui de M. Paoli, — que je n'en considère pas moins comme se rapprochant d'avantage de la vérité. — voici comment se décomposerait, nombre rond, la population européenne de l'Algérie aux dates ci-dessous :

	1881	1901
Français d'origine	187.500	239.000
Naturalisés	8.000	125.000
Etrangers	182.000	220.000
Israélites indigènes	35.500	57.000
	413.000	641.000

Et l'augmentation de 228.000 têtes constatée de 1881 à 1901, se décomposerait ainsi :

Français d'origine	51.500	= 22 1/2 pour cent.
Naturalisés	117.000 ⎱	= 68 pour cent.
Etrangers,	30.000 ⎰	
Israélites indigènes	21.000	= 9 1/2 pour cent.

Ce qui revient à dire que :

Quand la population européenne totale de l'Algérie augmentait de 1881 à 1901, de deux cents individus, ces deux cents individus comprenaient en moyenne 19 israélites indigènes, 156 étrangers et naturalisés, et seulement 45 français.

D'autre part,

Si nous réduisons à 100 la population européenne totale de 1881 comme de 1901, voici comment cette population se décomposait aux dates ci-dessous :

	1881	1901
Français d'origine	45,5	37
Naturalisés	2 ⎱ 46	19,5 ⎱ 54
Etrangers	44 ⎰	34,5 ⎰
Israélites indigènes	8,5	9
	100	100

Ce qui revient à dire que :

Tandis que, sur deux cents européens habitant l'Algérie, on comptait, en 1881, 17 israélites indigènes, 92 étrangers et naturalisés et 91 Français, on ne compte plus, en 1901, vingt ans plus tard, que 74 Français d'origine contre 18 israélites indigènes et 108 étrangers et naturalisés.

C'est cette fois l'accroissement de la prépondérance de l'élément étranger qui apparaît comme extrêmement considérable, puisque le recul relatif de l'élément " Français d'origine " n'est pas inférieur à 18 pour cent.

*
* *

Revenons-en aux chiffres bruts. Le fait acquis, au moins jusqu'à présent, est que le nombre des Français d'origine habitant l'Algérie, aurait augmenté, de 1881 à 1901, de 51.500.

Or je constate d'autre part, que les services de la colonisation ont installé en Algérie, de 1881 à 1901, 20.947 personnes.

Le rapprochement de ces deux chiffres pourra paraître singulièrement instructif si l'on considère que le premier comprend des individus de toutes professions, tandis que le second, — qui est contenu dans le premier, — relève exclusivement de la population agricole.

Il m'a paru intéressant de placer en regard de ce nombre de 20.947 personnes installées en Algérie de 1881 à 1901 par les services de la colonisation, le montant des dépenses dites " de colonisation ".

D'après la *Statistique Financière* de l'Algérie pour 1900 (p. 18), ces dépenses auraient atteint, de 1881 à 1900, un total de 53.872.143 fr.

Toutefois, d'après la *Statistique Générale* de l'Algérie pour 1900 (p. 187), ces mêmes dépenses, et depuis 1871, n'auraient atteint au total que 30.257.186 fr.

Je dois ajouter, — et cela n'a pas peu augmenté ma surprise, — que, lorsque j'ai voulu tenter de discerner les raisons de ces évaluations si considérablement différentes, en examinant les dépenses de colonisation année par année, je me suis trouvé, pour la seule année 1900, devant les chiffres suivants :

Statistique Générale de l'Algérie pour 1900,	page 187	944.592 fr.
dº	dº	page 186	1.331.807
dº	dº	page 211	1.800.332
Statistique Financière	dº	page 18	2.204.925

Mais c'est évidemment la *Statistique financière* qu'il faut croire, puisqu'elle résulte de chiffres comptables. Il est du reste facile de constater que les autres données sont entachées d'omissions.

Sur cette base, les dépenses de colonisation représenteraient 2.689 fr. par tête de colon (femmes et enfants compris) installé en Algérie de 1881 à 1901.

Burdeau, dans son célèbre rapport sur l'Algérie, était arrivé à des évaluations encore supérieures, pour la période décennale précédant celle que j'étudie. « Il est nécessaire, » disait-il, page 61,

« de marquer que la France n'entend pas persévérer dans une politique qui, de 1871 à 1881 seulement, a absorbé 57 millions pour installer en Algérie 3.600 familles françaises comptant 14.000 personnes, soit un peu plus de 15 000 fr. par famille installée ».

Je dois ajouter que l'Administration, dans les documents postérieurs à 1882, a abandonné ce mode de calcul. Jugeant que les mairies, les voies de communication, les églises et les écoles, les plantations, auraient dû être faites en tout état de cause, quand même les colons auraient acheté leurs terres, et ne comptant que la valeur des terrains concédés, elle trouve que la colonisation officielle ne coûte à l'Etat que 2.454 fr. en moyenne par famille, et 969 fr. par tête. M. Paul Leroy-Beaulieu constate à ce sujet (*L'Algérie*, 2e éd. p. 80) : « ces chiffres sont trop bas et devraient être relevés d'au moins de moitié ».

Ces chiffres sont surtout basés sur un raisonnement très spécieux que je ne m'attarderai pas à combattre.

Je remarque purement et simplement que, de 1881 à 1901, le nombre total des français d'origine a augmenté en Algérie de 51.500 unités, et que, pendant la même période, les dépenses dites « de colonisation » ont dépassé 56 millions.

*
* *

Approfondissons encore un peu plus cette question qui, d'ailleurs, le vaut bien.

Quelle a été dans l'accroissement du nombre des Français d'origine, la part de l'immigration française, des « Français venus de France » ?

Dans l'impossibilité où j'ai été de me procurer les documents antérieurs, je n'envisagerai ici que la période 1891-1901.

Le recensement de 1891 accuse l'existence en Algérie de 106.768 Français nés en France.

Dans le recensement de 1901, ce chiffre passe à 121.500.

L'augmentation totale, pendant la période décennale considérée, en tenant compte naturellement des morts, ne peut donc pas dépasser sensiblement le chiffre de 15.000.

Ce résultat en lui-même médiocre, apparaît sous un jour encore moins brillant si l'on considère que, pendant la même période, les sacrifices consentis pour obtenir ce résultat, c'est-à-dire les dépenses de la colonisation, ont dépassé 26 millions.

*
* *

Examinons maintenant, mais toujours au point de vue de la population, les statistiques relatives à l'agriculture algérienne.

Voici en premier lieu les chiffres de la population agricole (femmes et enfants compris).

	1881-1885	1901-1905
Européens	164.066	197.799
Indigènes	2.463.073	3.290.065
	2.807.139	3.487.864

C'est une augmentation de 33.733 unités = 20 1/2 pour cent pour la population agricole européenne, et de 646.992 unités = 24 1/2 pour cent pour la population agricole indigène.

Voici d'autre part, pour les mêmes périodes, la superficie moyenne des propriétés : (1)

	1881-18*5	1901-1905
	HECTARES	
Européens	1.160.467	1.577.824
Indigènes	8.271.694	6.224.973
	9.432.161	7.802.797

Il y a donc augmentation de 417.357 hectares = 36 pour cent en, ce qui concerne la superficie des propriétés européennes.

Mais il y a au contraire diminution de 2.046.721 hectares = 25 pour cent, en ce qui concerne la superficie des propriétés indigènes.

Il ressort du rapprochement de ces chiffres avec les précédents que :

1° Par rapport à la population agricole européenne, la superficie des propriétés européennes a passé par tête, de 7,07 hectares en 1881-85, à 7,97 hectares en 1901-05. C'est une augmentation de 90 ares = 12 1/2 pour cent.

2° Par rapport à la population agricole indigène, la superficie des propriétés indigènes a fléchi par tête, de 3,13 hectares en 1881-85, à 1,89 hectares en 1901-05. C'est une diminution de 1,24 hectares = 40 pour cent.

Ces constatations ne permettent évidemment pas, par leur nature même, qu'on en puisse déduire des conclusions précises. Cependant, de trois choses l'une :

En ce qui concerne les Européens :

Ou la proportion des propriétaires est resté invariable, et, dans ce cas, l'accroissement de 12 1/2 pour cent, en vingt-cinq ans, de la superficie des propriétés qu'ils possèdent en moyenne, pourra sembler bien peu considérable.

Ou la proportion des propriétaires a augmenté, et, dans ce cas, le faible accroissement que nous avons constaté doit être réduit, sinon transformé en une diminution peut-être sensible.

(1) Les propriétés cultivées par les indigènes étant frappées d'un impôt, l'*achour* ces chiffres doivent donc être considérés comme une évaluation assez approximativement exacte.

La diminution de la superficie des propriétés indigènes n'a d'ailleurs rien qui doive étonner. Elle résulte en grande partie de notre procédure en matière de licitation, et l'on n'ignore pas qu'un paragraphe du chapitre IV. (Le régime des terres et la colonisation) de l'ouvrage de M. P. Leroy-Beaulieu sur l'*Algérie* (2ᵉ Ed. p. 105), est intitulé : « Odieuse dépossession des Arabes. » Elle résulte aussi de la façon dont on les a évincés de leurs terres et dont on les en évince encore tous les jours, pour les besoins de la colonisation. considérés comme « d'utilité publique. » Il ne se passe pour ainsi dire pas de semaine où le *Mobacher*, le journal officiel de la colonie, ne contienne un avis de ce genre :

« COLONISATION

« Par arrêté en date du 28 août 1905, M. le Gouverneur général a prononcé « l'expropriation, avec prise de possession d'urgence, de 623 hectares, 91 ares, 70 « centiares de terres nécessaires à l'agrandissement du périmètre du centre de « Moudjebeur. »   « *Mobacher* du 13 Septembre 1905. »

Ou la proportion des propriétaires a diminué. Dans ce cas, on pourra estimer que ce fait, qui implique une augmentation proportionnelle plus considérable du prolétariat agricole européen, n'est pas précisément un symptôme favorable.

En ce qui concerne les indigènes :

Ou la proportion des propriétaires est restée invariable, et, dans ce cas, la diminution de 40 pour cent de la superficie des propriétés qu'ils possèdent en moyenne pourra sembler considérable, même en vingt-cinq ans.

Ou la proportion des propriétaires a augmenté et, dans ce cas, l'énorme diminution que nous avons constatée est encore inférieure à la diminution réelle.

Ou la proportion des propriétaires a diminué. Il faudrait qu'elle se fût réduite de 40 pour cent simplement pour compenser la réduction de la superficie de leurs terres. Et, dans ce cas, ce fait, qui impliquerait une augmentation proprotionnelle encore plus considérable du prolétariat agricole indigène, n'apparaît pas précisément comme un signe de prospérité.

Du côté des européens, la prospérité, si elle existe, semble donc plutôt minime.

Du côté des indigènes, l'apprauvrissement semble certain.

Nous pouvons, pour ceux-ci, le vérifier d'une manière rapide et sûre, — par le rendement des quatre contributions arabes : *L'achour* l'*hockor*, le *zekkat* et la *lezma*. (1)

En 1887, (2) les quatre contributions arabes ont fourni ensemble 7.575.111 fr.

Le rendement de 1903 n'est que de 6.656.807 fr.

Au cours des 17 années, 1887-1903, les quatre contributions arabes on fourni un total de 108.730.436 fr.

Si, pendant ces 17 années, leur rendement était resté stationnaire au niveau de 1887, elles auraient fourni au total, au lieu de 109 millions, 128.776.887 fr.

Et si, pendant ces 17 années, leur rendement avait suivi simplement le développement de la population indigène, c'est-à-dire, si le rendement par tête d'indigène était resté stationnaire (ce qui ne saurait à coup sûr pas être considéré comme un signe de prospérité),

---

(1) L'*hockor* n'existe que dans la province de Constantine, où il se superpose à l'*achour*.

L'*achour*, qui est en général à peu près proportionnel à l'étendue des terres cultivées, a pour base la « charrue, » ce qui signifie : la superficie que cet instrument peut labourer, superficie qui n'est pas uniforme et qui change suivant la nature du terrain. Il y a plusieurs catégories de « charrues » suivant les résultats très bons, bons, assez bons, mauvais ou nuls de la récolte.

Le *zekkat* frappe les chameaux, les bœufs, les moutons et les chèvres appartenant aux indigènes

La *lezma* est, en Kabylie, un impôt de capitation, et, dans le sud, une taxe sur les palmiers.

(2) L'*achour* qui, jusqu'en 1887, pesait uniquement sur les céréales, a été, à dater de cette époque, étendu à toutes les autres cultures indigènes, vergers, vignes, jardins potagers, tabacs, etc.

A partir de 1887 également, l'assiette de la *lezma* en Grande Kabylie à été complètement remaniée, ce qui a considérablement accru cette capitation graduée.

Il en résulte que les rendements antérieurs à 1887 ne sont pas comparables à ceux des années postérieures. J'ai donc dû prendre comme point de départ l'année 1887.

elles auraient fourni au total, au lieu de 109 millions, une somme de 144.882.500 fr. La diminution équivaut à 36.152.064 fr. = 25 pour cent.

Or, par une coïncidence particulièrement éloquente, la superficie des propriétés indigènes par rapport à la population indigène agricole, a fléchi, dans le même laps de temps, c'est-à-dire de 1887 à 1903, de 2,58 à 1,88 hectares. La diminution est de 70 ares = 27 pour cent.

En ce qui concerne les européens, quatre indices différents d'une valeur très inégale, mais tous quatre particulièrement significatifs, peuvent nous renseigner rapidement et d'une manière des plus précises, sur leur degré, positif ou négatif de prospérité. Ces quatre indices sont : la taxe sur le revenu des valeurs mobilières ; les recettes de l'enregistrement ; les escomptes de la Banque de l'Algérie, — dont il faudrait, pour bien faire, pouvoir éliminer cet élément factice et dangereux qui s'appelle les « renouvellements » ; — enfin, la dette hypothécaire.

I. — La *taxe sur le revenu des valeurs mobilières* produisit en moyenne, pendant la période 1881-85, 200.070 fr. Elle a produit pendant la période 1901-05, une moyenne de 203.982 fr., ce qui indiquerait un état de choses nettement stationnaire. En fait, il y a là une baisse, et même une baisse très accentuée ; on sait en effet qu'à partir de 1891, la taxe fut portée de 3 à 4 pour cent. Si l'on tient compte de cette augmentation du taux de la taxe, c'est à 152.987 fr., pour 1901-05 qu'il faut réduire son rendement moyen pour avoir des données comparables à celles de 1881-85.

Pendant l'ensemble de la période 1881-1905, la taxe sur le revenu des valeurs mobilières a fourni un total de 5.327.630 fr.

Si, pendant l'ensemble de cette période, son rendement était resté simplement au niveau de 1881-85, en tenant compte bien entendu de l'augmentation du taux de la taxe depuis 1891, elle aurait fourni au total 6.002.100 fr., au lieu de 5.327.630 fr. La diminution est de 674.470 fr. = 11 pour cent.

Et si, pendant l'ensemble de la période considérée, ce rendement s'était seulement développé dans la même mesure que la population européenne, — c'est-à-dire si le rendement par tête d'Européen était resté stationnaire, (ce qui ne saurait à coup sûr pas être considéré comme un signe de prospérité), le total aurait atteint pour l'ensemble de la période 7.592.654 fr., au lieu de 5.527.630 fr. La diminution est de 2.265.024 fr. = 29 pour cent.

II. — Les *recettes de l'enregistrement* s'établissaient en 1881-1885 à une moyenne de 3.899.062 fr Elles s'élèvent pour 1901-05 à 4.821.529 fr. Leur total, pour l'ensemble de la période considérée, atteint 100.680.995 fr.

Si, pendant l'ensemble de la période 1881-1905, les recettes de l'enregistrement étaient simplement restées à leur niveau de 1881-85, elles auraient fourni un total de 97.476.555 fr. c'est-à-dire une somme sensiblement égale.

Et si, pendant l'ensemble de la période, ces recettes s'étaient seulement développées dans la même mesure que la population européenne, — c'est-à-dire, si leur taux par tête d'européen était resté stationnaire (ce qui ne saurait à coup sûr pas être considéré comme un signe de prospérité), leur total aurait atteint pour l'ensemble de la période, 123.307.840 fr. au lieu de 100.680.995 fr. La diminution est de 22 626.845 fr. = 18 pour cent.

III. — Les *escomptes de la Banque de l'Algérie* s'établissaient en 1881-85 à une moyenne de 497.565.809 fr. Ils s'élèvent pour 1901-05 à 596 448.986 fr. Leur total, pour l'ensemble de la période considérée, atteint 11.983.453,639 fr.

Si, pendant l'ensemble de la période 1881-1905, les escomptes de la Banque de l'Algérie étaient simplement restés à leur niveau de 1881-85, ils auraient fourni un total de 12.439.145.215 fr., c'est-à-dire une somme légèrement supérieure.

Et si, pendant l'ensemble de la période, ces escomptes s'étaient seulement développés dans la même mesure que la population européenne, — c'est-à-dire si leur taux par tête d'européen était resté stationnaire (ce qui ne saurait à coup sûr pas être considéré comme un signe de prospérité), leur total aurait atteint pour l'ensemble de la période, 15.735.518.712 fr., au lieu de 11.983.453 639 fr. La diminution est de 3.752.065.073 fr., = 24 pour cent.

IV. — Je regrette de ne pas disposer de données aussi complètes en ce qui concerne la *dette hypothécaire.* Je n'ai pu me procurer que la situation comparée 1895-1901. Elle m'a été très obligeamment communiqué par le distingué directeur l'agriculture, du commerce et de la colonisation au gouvernement général de l'Algérie, M. de Peyerimhoff. qui a bien voulu m'en délivrer copie.

J'extrais de ce document officiel les passages qui suivent :

« ...Du rapprochement de ces chiffres, il résulte que la dette hypothécaire de l'Algérie, diminuée dans l'ensemble de près de *onze* millions (il faut lire : *cent onze* millions) (1), s'est accrue de 30 514.680 fr., dans le département d'Alger ; — de 9.434.981 fr., dans le département d'Oran, — et qu'elle se trouve réduite, pour le département de Constantine, de 150.868.445 fr.

« *Cette réduction proviendrait, en majeure partie, de ventes sur expropriation forcée. et ne devrait donc pas être considérée comme un signe de prospérité.* »

Si j'ajoute que les recettes de l'enregistrement présentent une baisse continue et accentuée de 1881 à 1896, et qu'il en est exactement de même pour les escomptes de la Banque de l'Algérie ; que leur reprise toute récente, coïncide exactement avec l'effondrement de la dette hypothécaire dans le département de Constantine (150 millions sur 325) par suite « de ventes sur expropriation forcée, » on pourra penser peut-être qu'il peut y avoir là, au moins dans une certaine mesure, une relation de cause à effet. et que la situation réelle est encore moins brillante que les chiffres que je viens de reproduire ne laissaient supposer.

---

(1) Au 31 décembre 1895 : 832.282.475 fr.
Au 31 décembre 1901 : 721.302.701 fr.

II

L'AGRICULTURE

J'examinerai successivement, dans ce chapitre, les questions suivantes :

1º La vigne ;
2º Les céréales ;
3º L'olivier ;
4º Les autres cultures ;
5º L'élevage.

LA VIGNE

L'essor du vignoble algérien, au cours de ces derniers vingt-cinq ans, a été extrêmement considérable. On comptait en Algérie, en 1881-85, moins de 49.000 hectares de vignes produisant en moyenne 730.000 hectolitres de vin. On en compte en 1901-06 plus de 270.000 hectares, produisant une moyenne de plus de 6 millions d'hectolitres de vin.

Je n'apprendrai rien à personne — du moins à personne de ceux qui sont tant soit peu au courant des questions algériennes, — en disant que cet essor merveilleux fut dû surtout et presque exclusivement à un fait accidentel : l'invasion phylloxérique, qui dévasta, il y a un quart de siècle, nos départements viticoles français. On oublie trop souvent qu'en 1884, l'Algérie importait encore plus de vin qu'elle n'en exportait. L'extraordinaire développement du vignoble algérien peut donc être considéré, dans une très large mesure, comme un fait anormal. J'ajoute qu'il n'est même plus un fait présent, mais un fait passé, car ce développement superbe est à l'heure actuelle complètement enrayé.

Ne considérons que le vignoble européen relevant du territoire civil, qui comprend à 5 %, près la totalité du vignoble algérien, Il se décomposait comme suit aux dates ci-dessous :

SUPERFICIE DES VIGNES

Campagnes	en rapport (hectares)	non encore en rapport
1900-01	132.735	31 039
1901-02	139.273	21.693
1902-03	149.774	17.149
1903-04	155.004	13.371

Ainsi donc, et depuis quatre ans en tout cas, (je n'ai pu remonter plus haut, les statistiques antérieures à 1901 ne donnant pas la composition du vignoble), le vignoble algérien n'augmente plus, pour ainsi dire, que par "l'élan acquis" ; si le vignoble en rapport s'est, depuis quatre ans, augmenté de 22.269 hectares, cet accroissement s'est produit presque entièrement au détriment du vignoble non encore en rapport, qui a diminué de 17.668 hectares.

Ce vignoble non encore en rapport, qui constituait encore en 1901, près d'un cinquième du vignoble total, exactement 19 pour cent, n'en constituait plus, en 1902, que 13 1/2 pour cent en 1903, que 10 pour cent en 1904, que moins de 8 pour cent.

Or, comme le vignoble non encore en rapport est nécessairement le "réservoir" où s'alimente le vignoble en rapport ; que, d'autre part, la vigne ne produit guère qu'à sa quatrième feuille, on peut donc affirmer que l'arrêt de l'accroissement du vignoble algérien est un fait acquis, en tout cas pour le moment.

Quelles en sont les causes ? Elles ne sont pas bien difficiles à discerner. Si l'on admet qu'en règle générale, l'extension d'une entreprise dépend des bénéfices qu'elle donne ou qu'on en attend, il faut en conclure logiquement que, si le vignoble algérien n'augmente plus, c'est parce qu'il ne rapporte plus, — parce qu'il ne rapporte plus depuis longtemps.

Voici en effet bientôt vingt ans que les prix du vin, d'une façon générale, ne sont plus suffisamment rémunérateurs pour l'ensemble des viticulteurs de ce pays ; et ils le sont devenus de moins en moins à mesure que s'opérait la reconstitution — à laquelle on ne voulait pas croire (1), — du vignoble français. C'est à cette illusion, à cette croyance profondément erronée que le vignoble métropolitain ne se reconstituerait pas qu'est dû, avec l'admirable développement du vignoble algérien, l'état de crise désormais quasi-permanente qui pèse sur ce pays.

Jusqu'en 1886, les prix oscillaient encore en moyenne, entre 18 et 22 fr. pour les vins ordinaires ; on payait des vins de coteau 20, 30, 35 fr. et même plus. Cependant, dès cette époque, la crise viticole était virtuellement ouverte :

« Dès 1886, et avant la très grande baisse des prix » dit M. Paul Leroy-Beaulieu (*L'Algérie*, 2ᵉ éd. p. 91), d'après le deuxième numéro d'août 1886 de *l'Algérie agricole, bulletin de la colonisation*, publication faite par le comice agricole d'Alger, « une pétition adressée au gouverneur général par le comice agricole et industriel de Souk-Ahras, localité cependant dont le vin est renommé, représentait comme très précaire la situation des propriétaires de vignes de ce district, et disait entre autres choses qu'ils devaient au moins 6 millions de francs aux banquiers tels que la Banque de l'Algérie, le Crédit Foncier et Agricole d'Algérie, la Compagnie Algérienne. Le même document ajoutait que beaucoup de vignerons succombaient faute d'avances nécessaires, que des hectares de vignes ne se vendaient plus que 1.500 fr. chacun, et que la propriété foncière perdait de sa valeur tous les jours ».

Quelques années plus tard, la crise était à l'état aigu. Une circulaire de la Société d'agriculture d'Alger en date du 10 décembre 1893, débute en ces termes :

« Vous savez quelle crise intense subit notre viticulture algérienne par la mévente de ses vins. Vous reconnaissez aussi que la dépression des prix s'accentue graduellement d'année en année, en même temps que le placement du produit devient de plus en plus difficile et limité ».

---

(1) Voir le *Bulletin de la Société d'Agriculture d'Alger*, 3ᵉ et 4ᵉ trimestres, 1893, séance du 16 novembre 1893, page 16.

Une autre circulaire du 22 juin 1894, signée par le président de la Société d'agriculture, le président de la Chambre de commerce et le directeur du syndicat des viticulteurs du département d'Alger, décrit dans ces termes la situation :

« La viticulture algérienne traverse une crise qui, si on n'y porte remède, amènera sa ruine à brève échéance. Par suite de diverses circonstances inutiles à rappeler, et qui peuvent se représenter à nouveau les années suivantes, la plus grande partie de nos vins s'est vendue à vil prix ; le surplus, qui se chiffre par plusieurs centaines de milliers d'hectolitres, ne trouvant pas acheteurs, encombre les caves que le viticulteur, à la veille de la vendange, se voit dans l'obligation de vider à tout prix ».

Or, voici quels étaient et quels ont été depuis cette époque, les prix du vin dans le département d'Alger :

Récolte :	1892	16 fr.	20
—	1893	10	90
—	1894	12	05
—	1895	17	75
—	1896	14	35
—	1897	16	55
—	1898	17	90
—	1899	15	30
—	1900	8	65
—	1901	7	60
—	1902	19	55
—	1903	20	35
—	1904	6	60
—	1905	8	00

Ces chiffres m'ont été très obligeamment fournis par M. Aubert, secrétaire général du Syndicat commercial algérien, au nom de son Syndicat, que j'avais prié de vouloir bien me faire l'honneur de me renseigner officiellement à ce sujet. La lettre en date du 5 mai 1906, qui m'apporta ces renseignements, disait :

« Ces chiffres sont officiels. Ils représentent l'ensemble des opérations effectuées dans le département d'Alger pour le vin 2ᵉ choix, qualité courante, 10° 1/2 à 12°, l'hectolitre nu rendu quai Alger.

« Ces vins (2ᵉ choix), sont en proportion de 50 à 60 pour cent sur la totalité de la récolte du département d'Alger.

« Les vins extra sont en proportion de 5 pour cent environ, et ont une plus-value de 40 à 50 pour cent.

« Les vins de 1ᵉʳ choix, 12° à 13, sont en proportion de 15 à 20 pour cent, et ont une plus-value de 20 à 25 pour cent.

« Les vins de 3ᵉ choix, 8° à 10°, sont en proportion de 20 à 30 pour cent, et ont une moins-value de 20 à 25 pour cent.

« Les vins d'industrie sont en proportion de 2 à 3 pour cent, et valent de 0 fr. 25 à 0 fr. 40 le degré, quai Alger.

« Les vins du département d'Alger, ordinairement supérieurs comme qualité à ceux des départements voisins, se vendent généralement, à degré égal, plus cher que ceux de Constantine et d'Oran.

« Prix de transport. — Il est extrêmement difficile de vous indiquer un prix moyen, étant donné l'éloignement de certaines propriétés et la difficulté des moyens de communication pour certaines de ces propriétés. Cependant, le prix de 0 fr. 90 par hectolitre en moyenne ne me paraît pas exagéré. Il y aurait donc lieu de le déduire des chiffres indiqués ci-dessus ».

Sur ces bases très précises, voici comment s'établit le prix général moyen du vin dans le département d'Alger pour toute la période 1892-1905 (1) :

1892	15 fr.	00
1893	9	80
1894	10	90
1895	16	50
1896	13	15
1897	15	30
1898	16	65
1899	14	10
1900	7	60
1901	6	55
1902	18	25
1903	19	05
1904	5	55
1905	6	95

Si l'on multiplie année par année, par les prix ainsi obtenus, la récolte algérienne — et je rappelle que ces prix s'appliquent au seul département d'Alger, dont le vin se vend normalement 2 à 3 fr. plus cher que celui des autres provinces — ; si donc l'on multiplie par ces prix la récolte algérienne totale, et si l'on divise le produit par 14 (nombre d'années considérées), on constate que le produit annuel moyen du vignoble algérois attent au maximum 60.500.000 fr. pour l'ensemble de la période 1892-1905.

Si l'on ajoute à ce chiffre — pour compter très largement — 4 millions 1|2 de sous-produits, le total global de 65 millions divisé par 143.383 (superficie moyenne du vignoble en hectares pendant la période considérée), nous donne comme quotient, c'est-à-dire pour produit total, par hectare de vigne, une somme à peine supérieure à 450 fr. (exactement 453 fr. 25).

---

(1) Pour plus de certitude, j'ai cru devoir chercher un contrôle de ces chiffres. Je me suis pour cela adressé à M. H. Lecq, inspecteur de l'agriculture en Algérie.

Bien que les chiffres de ce haut fonctionnaire, établis d'ailleurs sur des bases différentes, ne fussent pas à première vue, absolument conformes à ceux que je tenais du Syndicat Commercial (ils étaient en général légèrement inférieurs), on sera frappé de la manière extrêmement rigoureuse dont ils se confirment réciproquement quand j'aurai dit, que pour l'ensemble de la période 1892-1905, les

— 19 —

Et si l'on tient compte de ce fait que, pour pouvoir évaluer le bénéfice net du viticulteur algérien, il faut déduire de ce revenu total de 450 fr,, avec les frais de culture proprement dits, les frais de traitement des maladies (1), les frais de vendange et de vinification, l'entretien et l'amortissement du matériel vinaire et du cheptel, enfin, l'intérêt du capital engagé, on se convaincra facilement que ce bénéfice net doit être extrêmement réduit, et l'on pourra se demander même s'il existe, si on se rappelle l'importance de la dette hypothécaire qui grève le vignoble algérien d'une charge annuelle supérieure en tout cas à 2 millions de francs pour l'ensemble de la période 1892-1905 considérée.

.˙.

Mais serrons de plus près cette question importante.

Ne considérons que le vignoble de culture européenne du seul département d'Alger.

---

produits obtenus par les données puisées ainsi à deux sources tout à fait différentes, présentaient un écart inférieur à 2 pour cent.

Voici, d'ailleurs, les prix qui m'avaient été communiqués par M. H. Lecq :

Années	Vins ordinaires	Vins supérieurs
1892	11 à 13 fr.	15 à 20 fr.
1893	7 à 10	12 à 16
1894	8 à 11	15 à 18
1895	12 à 15	18 à 21
1896	10 à 13	15 à 18
1897	10 à 13	15 à 18
1898	10 à 12	18 à 21
1899	11 à 15	18 à 21
1900	5 à 7	10 à 12
1901	3 à 5	7 à 11
1902	10 à 12	13 à 18
1903	18 à 22	24 à 28
1904	5 à 7	9 à 15
1905	4 à 6	8 à 12

Cette communication spécifiait que « par vins ordinaires, il faut entendre tous les vins à faible degré, de 9 à 10° 1/2, soit de plaine, soit de coteau, ces derniers laissant un peu à désirer comme qualité ; par vins supérieurs, les vins de 11° à 12° 1/2, soit de plaine, soit de coteau, et de qualité irréprochable ». Elle stipulait en outre qu'il fallait compter l'un dans l'autre 2/3 au moins de vins ordinaires, contre 1/3 au plus de vins supérieurs ; qu'enfin, il y avait lieu de compter à part 150.000 hectolitres environ de vins de montagne (Médéa, Miliana, Aïn-Bessem), « qui se vendent normalement de 3 à 8 fr. plus cher que les vins supérieure pour les qualités réussies », l'appoint de ces deux derniers devant être d'ailleurs considéré comme largement compensé par l'infériorité des vins dits d'industrie.

Calculé sur ces bases, le produit annuel moyen du vignoble algérien pendant la période 1892-1905, ressort à 59.579.617 fr., inférieur de 1 million, soit de 1,7 pour cent, au produit calculé d'après les chiffres officiels du Syndicat commercial.

(1) Je signalerai à ce sujet qu'en ce qui concerne le phylloxéra, *l'Exposé de la Situation Générale de l'Algérie* pour 1905, (page 282), constate : « La contamination gagne chaque année plus de terrain, en s'éloignant des foyers primitifs ».

Lès chiffres ci-dessous représentent la moyenne des 14 dernières années :

Production .... 2.367 080 hectolitres
Superficie du vignoble........ 50.903 hectares
Produit total... .... 28.334 343 francs

Portons le produit total à 30 1/2 millions, sous-produits compris. Le produit par hectare ressort à 599 fr. Admettons 600 fr.

Quel est le montant de la dette hypothécaire qui grève les exploitations viticoles du département d'Alger ?

Il résulte du document officiel que j'ai déjà eu l'occasion de citer précédemment, que « dans le département d'Alger, les exploitations viticoles sont grevées d'une dette approximative de 97 millions de francs » — à la date du 31 décembre 1901.

Or, il résulte du même document que les hypothèques conventionnelles sur la propriété rurale dans le département d'Alger s'élevaient à la même époque à 120.572.000 fr., et qu'elles étaient de 134.292.811 fr. à la date du 31 décembre 1905, ce qui, toutes choses égales, porterait à 108 millions au bas mot, l'hypothèque viticole à la même époque. En supposant que, depuis 1901, l'hypothèque viticole soit restée stationnaire, – je crois pouvoir affirmer qu'elle a augmenté — ; en ne tenant pas compte de ce fait pourtant incontestable que souvent l'hypothèque urbaine a servi à la constitution de la propriété rurale, l'hypothèque grevant les exploitations viticoles du département d'Alger pendant l'ensemble de la période 1892-1905 considérée, ressort à une moyenne annuelle supérieure à 100 millions. Admettons 100 millions.

Quel est le taux d'intérêt à servir de ce chef ?

Il ressort au Crédit Foncier et Agricole d'Algérie à 7,22 pour cent, intérêt et amortissement, en première hypothèque seulement, les inscriptions de seconde ligne subissant évidemment des conditions plus rigoureuses. Adoptons une moyenne de 7 1/2 pour cent tout compris. Il en résulte que leur dette hypothécaire grève les exploitations viticoles du département d'Alger d'une charge annuelle minima de 7.500.000 fr., ce qui représente par hectare, 150 fr. en chiffres ronds.

Quelle est d'autre part l'importance du capital personnellement engagé par les viticulteurs dans leurs exploitations ?

Si l'on admet d'un côté, que toutes les propriétés ne sont pas hypothéquées, et de l'autre, que celles qui le sont ne peuvent pas l'être pour plus des trois quarts, au grand maximum, du capital total que leur constitution a pu nécessiter, il en résulte que l'hypothèque doit représenter environ les deux tiers de ce capital total ; le capital personnellement engagé par les viticulteurs du département d'Alger ne saurait donc être inférieur à 50 millions (si l'on admet pour l'hypothèque une proportion de plus des deux tiers — ce qui n'est pas vraisemblable —, le capital personnel se trouverait réduit d'autant ; mais alors, la situation apparaîtrait encore plus désastreuse).

Or, à 5 0/0, l'intérêt de cette somme de 50 millions est de 2.500.000 fr., par an, ce qui représente 50 fr., par hectare, en chiffres ronds.

La charge annuelle moyenne par hectare s'établit donc ainsi :

1° 150 fr., pour l'intérêt de l'amortissement de la dette hypothécaire.

2° 50 fr., pour l'intérêt du capital personnel engagé.

Le total est de 200 fr.

Si nous déduisons cette somme de 200 fr., du produit brut total que nous avons vu être de 600 fr., il reste donc une somme nette totale de 400 fr., pour représenter :

1° Les frais de culture proprement dits,

2° Les frais de traitement des maladies,

3° L'entretien et l'amortissement du matériel vinaire et du cheptel,

Et enfin, 4° Le bénéfice net du viticulteur.

Dans son *Manuel de Viticulture Algérienne*, publié en 1885 par l s soins de la société d'agriculture d'Alger et des comices agricoles, M. Bordet, alors président de la société d'agriculture, évalue l'entretien annuel d'un hectare de vigne entre 300 et 500 fr , sans la fumure. M. Bertrand, viticulteur à l'Arba, président actuel de la société des agriculteurs d'Algérie, dans une brochure publiée officiellemeut à l'occasion de l'exposition universelle de 1900 *La Viticulture et la Vinification*, estime à 530 fr., les frais annuels, sans l'amortissement du gros matériel et du cheptel. MM. Ch. Rivière, ancien président de la société d'agriculture, directeur du Jardin d'Essai du Hamma, et H. Lecq, inspecteur de l'agriculture en Algérie, dans leur *Manuel pratique de l'Agriculteur Algérien*, appliquent à l'exploitation annuelle d'un hectare de vigne une dépense de 360 fr., non compris fumure ni amortissement des animaux de travail, ce qui en réalité élève le chiffre des dépenses à 4 0 fr. environ.

D'autre part, trois viticulteurs distingués qui ont bien voulu, d'après leur comptabilité, établir ensemble un travail que j'avais eu l'honneur de leur faire demander, MM. Du Rieux, propriétaire à Gouraya, Berthot, propriétaire à Marengo, et Brame, propriétaire à Fouka et à Mouzaïaville, n'évaluent pas à moins de 500 fr. par an pour un hectare de vigne, les frais de culture, de vendange, de vinification, et d'entretien du matériel vinaire et du cheptel, non compris l'intérêt du capital engagé. D'autres viticulteurs, qui ont eu la grande obligeance de m'ouvrir leur comptabilité, mais sans toutefois m'autoriser à me servir de leur nom, arrivaient à des chiffres quelque peu inférieurs, et variant de 380 à 450 fr. Enfin, M. G. Perriquet, vice-président de la société des agriculteurs d'Algérie, dans le *Bulletin* de cette société portant la date du 31 janvier 1906 (p. 25) dans une discussion qui portait précisément sur la question de l'évaluation des frais annuels moyens de culture d'un hectare de vigne, déclarait « accepter la somme de 360 fr., pour les frais annuels, et y ajouter les intérêts et amortissements » pour « les régions où la vigne est cultivée intensivement comme la plaine de la Mitidja ». Il a ajoutait : « Mais dans les terres siliceuses du Sahel d'Alger, dans beaucoup de vignobles de montagne dans la plus grande partie de l'Oranais, ces frais sont beaucoup moindres ». Le fait est exact, en tout cas pour l'Oranie. Mais je ferai remarquer qu'aussi, le rendement y est très inférieur (moins de 35 hectolitres à l'hectare contre près de 59 dans le département d'Alger en 1904) ; que, de plus, les vins d'Oranie se vendent normalement de 2 à 3 fr., moins cher que les vins d'Alger. En ce qui concerne le département d'Alger, — le seul que j'étudie en ce moment, — le vignoble de l'arrondissement d'Alger comprend à lui seul 55.000 hectares sur un total de moins de 65.000 pour l'ensemble du département. Les régions de montagne de Médéa et de Miliana comptent tout juste (total des deux arrondissements) 6 526 hectares de vignes, soit exactement le dixième du vignoble du département. En admettant que, dans ces régions, les frais annuels soient inférieurs à la moyenne, — je croirais volontiers le contraire, car, dans les pays de montagne, il faut piocher les vignes à la main, tandis qu'en plaine, le travail peut être effectué beaucoup plus économiquement à la charrue, — le chiffre de 360 fr., admis après discussion par M. Perriquet ne pourrait être tout au plus, pour l'ensemble du département d'Alger, que réduit à une moyenne de 350 fr.

Si j'adopte cette évaluation, qui est la plus basse de toutes, et qui paraît même, si l'on réfléchit qu'il ne s'agit pas de l'ensemble de l'Algérie, mais du seul département d'Alger, comme invraisemblablement peu élevé (1). il en résulte qu'en tout cas, le bénéfice net annuel moyen du viticulteur du département d'Alger, pour toute la période 1892-1905, n'a pas dépassé 50 fr., par hectare, ce qui représente pour 50 903 hectares (superficie moyenne du vignoble du département pendant la période considérée), une somme totale à peine supérieure à deux millions et 1/2 de francs ; — ce qui représente en moyenne, pour chacun des 7.500 propriétaires de vignobles dans le département d'Alger (2), un bénéfice annuel moyen inférieur à 340 fr., et un bénéfice total pour l'ensemble de la période 1892-1905 considérée, de moins de cinq mille francs, en quatorze ans.

Doublons ces chiffres, triplons les, quadruplons les, décuplons les. Le bénéfice annuel moyen par propriétaire de vigne n'arrive pas à 3.600 francs.

*
*

(1) Dans la *Revue de Viticulture* du 15 février 1906 (p.178), M. P. Gervais, secrétaire général de la société de viticulture de France, rapporteur du dernier congrès viticole, évalue « entre 700 et 800 fr., » les frais de culture par hectare de vigne dans le Midi. On ne voit vraiment pas pourquoi ils seraient si extraordinairement inférieurs en Algérie, surtout dans le département d'Alger.

(2) La moyenne de 1901-04 est de 7 305, en diminution sur les années précédentes, avec un maximum de 7.345 en 1901, et un minimum de 7.284 en 1904.

Cette diminution du nombre des propriétaires de vignobles n'aparaît pas non plus comme dénuée de signification, surtout lorsqu'on sait par combien de mains ont passé et repassé les propriétés algériennes.

Voilà donc quelle est la situation de la viticulture, et cela comme moyenne de ces dernières quatorze années, dans le département d'Alger. On ne voit pas *à priori* pourquoi elle serait différente dans les autres départements qui d'ailleurs produisent à peine ensemble autant que le seul département d'Alger (1). Si, dans le département d'Oran, les frais de culture paraissent être assez sensiblement inférieurs à ceux du département d'Alger, les vins d'Oranie se vendent par contre, d'une façon normale, 2 et 3 fr., moins cher que les vins d'Alger ; de plus, alors que le rendement moyen par hectare dans ce dernier département, atteint près de 59 hectolitres, il n'est pas de 35 hectolitres en moyenne dans le département d'Oran, je l'ai déjà signalé.

D'autre part, le montant des hypothèques grevant la propriété rurale, — qui, en dehors de la vigne, est relativement peu grevée, — est sensiblement plus élevé dans le département d'Oran que dans le département d'Alger, et il s'est, dans ces dernières années, accru bien davantage :

HYPOTHÈQUES CONVENTIONNELLES SUR LA PROPRIÉTÉ RURALE

	1895	1901
Département d'Alger....	134.292.811	120.572.000
Département d'Oran.....	161.553.428	186.294.254
Différence en plus.....	27.260 609	65.722.254

Au contraire, dans le département de Constantine, — j'ai déjà eu l'occasion de le faire remarquer, — la dette hypothécaire s'est réduite, « par suite des ventes sur expropriation forcée, » dans d'effroyables proportions : D'un total de 325.360.919 fr., en 1895, elle est tombée à 174.392.474 fr., en 1901 ; et, dans cette énorme réduction de plus de 150 millions, la part des hypothèques conventionnelles sur la propriété rurale dépasse 50 millions.

Or, je constate en même temps qu'au cours de ces derniers dix ans le vignoble constantinois s'est littéralement effondré, sa production est tombée de 20 0/0 à 10 1/2 0/0 de la production algérienne totale. Les superficies cultivées en vigne sont tombées de 23.276 hectares en 1895 à 17.146 actuellement, ce qui représente une diminution, sur le papier, de 6.130 hectares, diminution très inférieure à la diminution réelle, puisqu'elle s'est produite en dépit des plantations nouvelles, dont je n'ai pu avoir le chiffre pour l'ensemble de ces dix ans, mais qui se sont élevées à 3.864 hectares pour les quatre dernières années, lesquelles ne furent pas, on l'a vu, des années de plantation. Eh bien si l'on admet seulement cette même moyenne de plantations nouvelles pour les six années précédentes,

---

(1) En 1904. Production du vin en Algérie :

Département d'Alger,..................	3.791.713 hectolitres
Département d'Oran.....	3.045.152 —
Département de Constantine..........	793.292 —
Total...............	7.630.157 hectolitres

c'est par plus de 14.000 hectares, c'est-à-dire par plus de soixante pour cent, qu'il faut chiffrer la perte en superficie subie par le vignoble constantinois pendant la période où la dette hypothéaire rurale de ce département fléchissait de plus de 50 millions, où sa dette hypotécaire générale fléchissait de plus de cent cinquante millions, « par suite de ventes sur expropriation forcée ».

*
* *

J'ai dit plus haut la part de l'observation directe comme moyen de contrôle dans l'étude des statistiques. On pensera que c'est le moment de la faire intervenir.

Je tiens au préalable à bien faire remarquer que, si j'ai été forcé d'admettre que le bénéfice réalisé par l'ensemble des viticulteurs algériens pendant toute la période 1892-1905, se réduit à zéro, cela n'implique aucunement que, dans les années antérieures, la culture de la vigne n'ait été rémunératrice. Je le crois au contraire, et j'ai dit pourquoi.

Cela n'implique pas non plus, et pas davantage, que, pendant la période 1892-1905 considérée, certains viticulteurs n'aient gagné de l'argent et peut-être même édifié des fortunes. Mais si d'autres ont perdu seulement autant que ceux-là ont pu gagner, la moyenne est évidemment égale à zéro. M. Paul Leroy-Beaulieu écrivait à ce sujet il va y avoir vingt ans : *(L'Algérie, 2ᵉ éd. p. 234)* : « Si la vigne doit enrichir beaucoup de propriétaires algériens, il est à craindre qu'elle n'en ruine presque un égal nombre ». Les chiffres qui figurent dans les pages précédentes ne constatent pas autre chose ; mais ils constatent cela ; ils justifient, hélas ! rigoureusement, les prévisions de M. P. Leroy-Beaulieu dont on connaît cependant en ce qui concerne ce pays, la tendance d'esprit nettement optimiste.

Les viticulteurs d'Algérie peuvent être en effet divisés en deux grandes catégories bien tranchées : ceux, — le plus petit nombre, — qui « marchent » avec leurs propres capitaux ; et ceux, — la masse, — dont l'exploitation a eu pour base le recours au crédit, c'est-à-dire l'hypothèque (1). Les premiers ont dû évidemment et devraient encore, toutes choses égales, réaliser des bénéfices. Il semble bien, sauf pour les années très mauvaises, que le pire qui puisse leur arriver est de ne pas se payer à eux-mêmes l'intérêt de leurs propres capitaux. Les seconds au contraire, quelle qu'ait pu être leur récolte, supportent obligatoirement la charge de 7 1/2 pour cent environ des capitaux étrangers qu'ils utilisent, fardeau toujours lourd même dans les années les meilleures, écrasant dans les années mauvaises. — « Quelle folie d'emprunter pour faire des vignes ! » écrivait M. Paul Leroy-Beaulieu *(op cit.* p. 375). — Cette « folie, » ceux qui l'ont commise, l'expient, depuis de longues années déjà, durement.

---

(1) Je rappelle que, sur 120 millions d'hypothèques conventionnelles sur la propriété rurale dans le département d'Alger, à la date du 31 décembre 1901, une somme de 97 millions, c'est-à-dire plus de 80 0/0 pesait sur les exploitations viticoles.

Ils l'expient d'autant plus durement que l'essor du vignoble algérien a été surtout provoqué, je l'ai dit, et par l'invasion phylloxérique qui dévasta, il y a un quart de siècle, nos départements viticoles français, et par l'illusion, persévérante jusqu'en ces dernières années, que le vignoble métropolitain ne se reconstituerait pas. Cependant le vignoble français s'est peu à peu reconstitué, et sa reconstitution, par suite de l'unité douanière de l'Algérie et de la Métropole, a eu pour premier résultat de créer dans la colonie un état de crise quasi-permanente. Ce qui détermine, en effet, les cours du vin, en Algérie même, ce n'est pas la récolte algérienne, c'est la récolte française : non seulement parce que le vignoble français écrase de sa masse le vignoble algérien, mais parce que le débouché intérieur de ce pays est à peu près insignifiant, parce que la France est, obligatoirement, le débouché exclusif de la colonie. Et il résulte de cette situation anormale que, sauf pour le cas exceptionnellement rare où une excellente récolte en Algérie coïnciderait avec une mauvaise récolte en France, — ce fut le cas de l'année 1903, — les cours du vin ne peuvent pas, ne peuvent plus, d'une façon générale, s'inscrire à un taux rémunérateur pour l'ensemble des viticulteurs algériens.

Les chiffres suivants sont significatifs :

Années	RÉCOLTE Française	Algérienne		Prix moyen du vin en Algérie
1900......	67.352.661	5.634.829	hect.,	7 fr. 60
1903......	35.402.336	6.589.360	»	19 » 05
1904......	66.016.567	7.630.157	»	5 » 55

J'ajouterai ceci pour tout commentaire :

On se rappelle qu'il y a une quinzaine d'années, la Banque de l'Algérie, pour avoir exagéré ses prêts et trop encouragé, notamment, les plantations de vignes, tomba dans des embarras graves, et fut à la veille de suspendre ses paiements (Paul Leroy-Beaulieu. *op. cit*, p. 225). Elle échappa à cette catastrophe grâce à un énergique travail de liquidation intérieure et volontaire, qui retentit d'ailleurs profondément sur ses dividendes. On se rappelle dans quelles conditions son privilège lui fut renouvelé. En 1892, son domaine immobilier, qui lui était échu par l'insolvabilité de ses débiteurs, était porté à son bilan pour 12 millions. A l'heure actuelle, la « Société Domaniale Algérienne » figure à son actif pour 1 fr.

Le Crédit Foncier et Agricole d'Algérie faillit, plus récemment, pour des raisons identiques, se trouver dans une situation analogue, quoique beaucoup moins grave. « Il résulte des annexes publiés à la suite du rapport de l'assemblée générale annuelle », dit M. Paul Leroy-Beaulieu (*op. cit.* p. 233), « que plusieurs des propriétés expropriées pour insolvabilité du débiteur, n'ont pas trouvé preneur à la moitié ou même au quart de la somme prêtée. — Je rappellerai à ce sujet qu'au mois de mai 1905, les domaines d'Oued-el-Alleug et Kandoury, grevés de 1.750.000 fr. de dettes, dont 1.400.000 fr. au Crédit Foncier, et dans lesquels M. Arlès-Dufour avait englouti 2.500.000 f., n'ont pas trouvé preneur sur une mise à prix de 500.000 f.

C'est à la suite de ce résultat que, le 23 décembre dernier (1905) le Crédit Foncier et Agricole d'Algérie constituait la " Société Agricole Algérienne" au capital de 4 millions, dont 3.660.000 d'apports représentés suivant les statuts, par :

Dans le département d'Alger :

L'ancien domaine Arlès-Dufour (1.600 hectares).
L'ancien domaine Le Normand (630 hectares).

Dans le département d'Oran :

L'ancien domaine Manégat (700 hectares).
L'ancien domaine Merlo (1.920 hectares).

Dans le département de Constantine :

L'ancien domaine De Marqué (540 hectares).
L'ancien domaine Meurs (380 hectares).

soit au total près de 6.000 hectares, dont environ 1/8 en vigne.

De son côté, la Compagnie algérienne faisait arracher, en automne 1904, son vignoble d'Aïn-Regada, près de Constantine, couvrant une centaine d'hectares. Au printemps dernier, elle vendait 300.000 fr., avec beaucoup de peine, son vignoble d'Amourah, d'une contenance de 360 hectares, avec son domaine de 900 hectares, qui avait coûté 3 millions 1/2. Dans le prix de vente de 300.000 fr., le matériel vinaire et le cheptel entraient pour plus de 60.000 fr.

Et, — c'est un signe des temps, — le dernier rapport du conseil d'administration de cet établissement financier (exercice 1905, p. 11), constate, avec une satisfaction qui n'est pas dissimulée : " La vente du domaine d'Amourah ayant été effectuée dans le cours de l'exercice 1905, la Compagnie algérienne ne possède plus aucun vignoble".

On sait enfin, cela est de notoriété publique, que le Crédit Foncier n'accorde plus à l'hectare de vigne aucune valeur spéciale.

*
**

Je ne vois pour ma part qu'un remède à cette situation profondément regrettable : l'autonomie douanière de la colonie. Elle lui ouvrirait les marchés étrangers et lui assurerait des débouchés nombreux, larges et permanents, au lieu du débouché unique, étroit, et qui risque de devenir accidentel, — au moins pour la vigne, — de la Métropole ; qui fausse profondément, au détriment de ce pays, l'équilibre qui devrait normalement résulter du libre jeu de l'offre et de la demande ; qui le fausse d'autant plus complètement que colonie et Métropole n'ont à proprement parler que des cultures et des productions identiques ou analogues, à tel point qu'entre les deux pays, — le mot a été prononcé au dernier congrès des agriculteurs qui s'est tenu à Oran au mois d'avril 1906 (1), — il existe à l'heure actuelle, au point de vue économique, un véritable "conflit".

____

(1) Par M. Bories.

Maintenant, cette autonomie est-elle réalisable? Est-elle possible? Est-elle même désirable, si l'on envisage la question à d'autres points de vue qu'au point de vue uniquement et strictement économique ?

Il ne m'appartient pas de me prononcer ici (1).

LES CÉRÉALES

Les céréales cultivées en Algérie sont l'orge, le blé, l'avoine, le bechna, le maïs, le seigle et le millet.

Voici les chiffres de la campagne 1904 :

CÉRÉALES	EUROPÉENS		INDIGÈNES		TOTAL	
	sup. cul. (hect.)	Récolte (Q. mét.)	Sup. cul. (hect)	Récolte (Q. métr.)	Sup. cul. (hect.)	Récolte (Q. mét.)
Orge..........	123.364	1.055.596	1.143.892	6.809.696	1.267.254	7.865,292
Blé dur.	156 564	1.103.088	904.838	4 241.644	1.061.402	5.344.732
Blé tendre.....	167.291	1.158.245	86.039	432.670	253.330	1.590.915
Avoine........	96.528	839.737	22.059	122.689	118.587	962.426
Bechna.......	3.423	17.882	21.894	115.547	25.317	133.429
Maïs........ ..	4.539	49.129	7.326	50.107	11.865	99.236
Seigle	285	2.506	4.013	20.115	4.298	22.621
Millet	53	459	633	5.417	686	5.876
Totaux ...	552.047	4.226.642	2.190.694	11.797.885	2.742.741	16.024.527

Les résultats de la campagne 1905 (14.700.000 quintaux), ont été sensiblement inférieurs à ceux de la campagne 1904, qui elle-même avait fourni des résultats inférieurs à ceux de la campagne 1903. Par contre, les campagnes de 1903, 1902 et 1901 ont fourni des résultats très supérieurs à ceux des campagnes précédentes. La période 1901-05 représente donc une normale.

Voici les chiffres relatifs à cette période. J'inscris en regard les chiffres d'il y a vingt-cinq ans :

Périodes	SUPERFICIES CULTIVÉES (hectares)		
	Européens	Indigènes	Total
1881-85..........	443.250	2.493.428	2.936.678
1901-05..........	553.328	2.344.946	2.898 274
Différence.....	+ 110.078	— 148.482	— 38.404
soit pour cent....	+ 25	— 6	— 1

Les superficies cultivées en céréales sont donc, en 1901-05, par rapport à 1881-85, supérieures d'un quart pour les européens. Mais

---

(1) Il faudrait aussi que les producteurs algériens améliorassent sensiblement la qualité de leurs produits. Pour 1904, (*Annales du Commerce extérieur*, 6e et 7e fascicules de 1905, pages 344 et 345), la Commission des Valeurs de Douanes a arbitré les valeurs suivantes :

à l'importation : { Vins d'Algérie en futailles........... 0 fr. 20 le litre.
— d'autres provenances.......... 0 fr. 30 —

à l'exportation : Vins français..................... 0 fr. 55 à 1 fr. 50 le litre.

elles sont inférieures de un dix-septième environ en ce qui concerne les indigènes (1). L'ensemble est stationnaire.

Examinons maintenant le développement de la production :

| | QUANTITÉS RÉCOLTÉES | | |
| | Quintaux métriques | | |
Périodes	Européens	Indigènes	Total
1881-85..........	3.251.177	11 891.366	15.142.543
1901-05........ .	4.653.523	13.742.609	18 396.132
Différence	+ 1.402.346	+ 1.851.243	+ 3 253.589
soit pour cent....	+ 43	+ 15 1/2	+ 21 1/2

Les quantités de céréales récoltées sont donc, en 1901-05, par rapport à 1881-85, supérieures d'un peu plus des deux cinquièmes pour les européens, et de près d'un sixième en ce qui concerne les indigènes. L'ensemble est supérieur d'un peu plus d'un cinquième.

Le rapprochement de ces deux tableaux nous conduit à constater les faits suivants :

| | RENDEMENT PAR HECTARE | | |
Périodes	Européens	Indigènes	Total
1881-85.. :	7,33	4,77	5,15
1901-05..............	8,41	5.86	6,31
Différence........	+ 1,08	+ 1,09	+ 1.16
soit pour cent........	+ 15	+ 23	+ 22 1/2

L'augmentation du rendement est donc générale. Mais, l'accroissement du rendement des cultures indigènes aurait été sensiblement supérieur à celui du rendement des cultures européennes.

Si nous rapprochons maintenant les chiffres de la production totale en céréales de l'Algérie de ceux de la population algérienne pendant les périodes considérées, nous aboutissons aux constatations suivantes :

| | PRODUCTION PAR TÊTE D'HABITANT |
	Quintaux métriques
en 1881-1885	4,38
en 1901-1905...............	3,77
Différence........	— 0,61
soit pour cent.......	— 14

La production de céréales en Algérie par tête d'habitant est donc, en 1901-1905, inférieure de tout près d'un septième à ce qu'elle était en 1881-85.

---

(1) Je rappellerai ici ce que j'ai dit dans la note de la page 48.

J'ajouterai que ces chiffres font apparaître, pour la période considérée, un état de choses plus favorable qu'il ne l'est en réalité. L'année 1881, année de révolte, ne saurait en effet, raisonnablement, être comprise dans une base de comparaison. Si nous lui substituons l'année 1880, pendant laquelle la récolte ne fut supérieure que d'un dixième à peine à celle de la période quinquennale précédente, 1875-1879, qui comprend une année désastreuse, (1876 : 9.400.000 quintaux, alors que le chiffre de 1875 est de 17.900.000 quintaux et celui de 1874, de 19.300.000 quintaux), nous obtenons les résultats suivants :

RENDEMENT PAR HECTARE

Périodes	Européens	Indigènes	Total
1880-1885.........	8,08	5,17	5,61
(1881 excl.)			
1901-1905.........	8,41	5,86	6,31
Différence	+ 0,33	+ 0,69	+ 0,70
soit pour cent......	+ 4	+ 13	+ 12 1/2.

L'augmentation reste générale ; mais l'accroissement du rendement européen, — un vingt-cinquième, — pourra sembler des plus médiocres étant donné surtout que l'accroissement du rendement indigène se montre plus de trois fois plus élevé.

Et si nous chiffrons maintenant la production par tête d'habitant, nous aboutissons à constater ceci :

PRODUCTION PAR TÊTE D'HABITANT

	Quint. métriq.
en 1880-1885	4,76
(1881 excl.)	
en 1901-1905..........	3,77
Différence	— 0,99
soit pour cent..	— 21

Ces chiffres, qui se rapprochent davantage de la vérité que les précédents, font donc ressortir la situation suivante :

Par tête d'habitant, la production en céréales de l'Algérie est, à l'heure actuelle, inférieure de plus d'un cinquième à ce qu'elle était il y a vingt-cinq ans.

***

Une chose frappe particulièrement dans les chiffres ci-dessus : la faiblesse des rendements, faiblesse qui semble assez explicable pour les indigènes, mais qui le paraît bien moins pour les européens, et qui apparaît comme d'autant plus sérieuse en ce qui concerne ceux-ci que nous venons de le voir, le rendement par hectare des céréales européennes n'a augmenté, depuis vingt-cinq ans, que de quatre pour cent. C'est un état de choses pratiquement stationnaire.

Cet insuccès relatif de la culture des céréales en Algérie, — qui n'est d'ailleurs pas fait pour surprendre ceux qui connaissent la climatologie de ce pays, que je me réserve d'étudier avec quelque détail dans un chapitre ultérieur, — apparaît comme très inquiétant lorsqu'on sait comment ont été et sont obtenus ces "*résultats insuffisants*" (1). Ils ont été et sont en effet obtenus "par des procédés culturaux spéciaux tels que labours de plus en plus profonds mettant en œuvre les réserves de fertilité accumulées par l'effet du temps dans le sous-sol, *mais limitées*", de sorte que "*le bénéfice réalisé chaque année par le cultivateur se compose pour une part d'un prélèvement sur le capital d'éléments fertilisants, prélèvement qu'aucune restitution ne vient compenser*" (2). M. H. Lecq, inspecteur de l'agriculture de l'Algérie, n'a pas craint de qualifier de "*culture de vampires*" cette exploitation à outrance de la terre, qui doit fatalement, en définitive, aboutir à son épuisement.

Cet épuisement s'est déjà manifesté d'une façon menaçante. « La question des céréales », dit M. Perriquet, « n'est pas sans avoir préoccupé les colons, *depuis que les terres ont souffert d'un épuisement progressif* » (3). Mais, ajoute l'honorable vice-président de la *Société des Agriculteurs d'Algérie*, « les progrès naturels de l'industrie viennent heureusement nous fournir des secours inespérés. Les superphosphates commencent à être employés en Algérie. Ils deviennent d'autant plus utiles que nos terres sont généralement pauvres en acide phosphorique ». M. Perriquet ajoute encore : « Il nous sera désormais facile de fournir également les engrais azotés » par « la culture des légumineuses enfouies dans le sol ».

Il semble malheureusement qu'il y ait là deux illusions dont il faille faire son deuil. Les passages ci-dessous sont extraits du « *Rapport sur les expériences du Comice Agricole de Sétif, campagne 1904-1905* » par M. G. Ryf (4) :

En ce qui concerne les engrais verts :

« En parlant d'engrais verts, nous rappelons ici nos expériences poursuivies pendant de longues années avec des moutardes blanches, colza, vesces, lentilles, lupins, etc., etc., cultivés pour être enterrés comme engrais verts. Ces expériences ont donné de tous temps des résultats négatifs, nous les avions donc abandonnées. Dans nos bonnes terres à blé, toutes ces plantes ne produisaient pas assez de matière pour payer les frais en semences,

---

(1) G. Perriquet "Les ressources de l'agriculture algérienne". page 19 du *Bulletin de la Société des Agriculteurs d'Algérie* du 31 janvier 1906.

(2) *Cultures du Midi, de l'Algérie et de la Tunisie* par MM. Ch. Rivière et H. Lecq, page 79.

(3) *Op. cit.* p. 19.

(4) Dans le *Bulletin du Comice et du Syndicat Agricole de la région de Sétif*, n° 179 de février 1906.

labours. Avec cela, ces plantes enterrées se décomposaient si lentement qu'elles devenaient une gêne et une infériorité l'année suivante » (page 17).

En ce qui concerne les engrais chimiques :

« Découragés par les résultats négatifs des engrais chimiques sur céréales, nous n'en avons plus employé au champ d'essai. Nous ajoutons que nos expériences avaient porté sur toutes espèces d'engrais chimiques, mais qu'aucune n'a jamais payé », (p. 16)

Reste le fumier. De premières expériences avaient été très favorables ; mais, dit M. G. Ryf (p. 14) : « Nous constatons cependant avec une certaine surprise que ces nouvelles expériences ne paraissent pas donner les résultats espérés ». — D'ailleurs, par suite du manque de bétail, le fumier manque en Algérie.

M. Ryf déclare d'autre part (p. 20) : « Insuccès complet avec ces bactéries d'Amérique qui devaient doubler et tripler les rendements. D'autres expérimentateurs n'ont pas été plus heureux ».

On ne voit donc pas, du moins pour le moment, non seulement comment pourrait être accru le rendement insuffisant des céréales algériennes, mais, plus simplement, comment pourrait être enrayé cet épuisement progressif des terres qui menace de rendre improductive, à un moment donné — peut-être, nous l'espérons, encore lointain, mais peut-être aussi relativement rapproché — une culture jusqu'alors rémunératrice, et qui semblait, en Algérie, particulièrement à sa place (1).

<h2 style="text-align:center">L'OLIVIER</h2>

La *Statistique générale de l'Algérie* accuse l'existence dans ce pays (2) :

En 1882-1885, de 4.460.565 oliviers greffés produisant en moyenne 330.067 hectolitres d'huile.

En 1901-1904, de 5.021 500 oliviers greffés produisant en moyenne 243.341 hectolitres d'huile.

Pour les années intermédiaires, les mêmes statistiques accusent des chiffres autrement importants. C'est ainsi que la production de la campagne 1887-1888 aurait atteint 555.072 hectolitres d'huile ; celle de la campagne 1888-1889, 729.131 hectolitres ; celle de la campagne 1889-1890, 1.109.205 hectolitres. Ces derniers chiffres, en tout cas, paraissent invraisemblables. Je m'en tiendrai donc à ceux que j'ai reproduits en premier lieu. Vérifions jusqu'à quel point ils sont fondés.

---

(1) L'insuccès général des engrais en Algérie, surtout des engrais chimiques et en particulier des superphosphates, dans les terres à blé, m'a été officiellement confirmé par M. de Peyerimhoff, directeur de l'Agriculture, dans les termes suivants : « L'échec des engrais, principalement dans les régions à blé, et notamment dans la région de Sétif, a été complet ».
On n'a pas encore pu dégager d'une façon satisfaisante les causes de ces insuccès, qui paraissent être dus, en majeure partie, aux conditions climatologiques très spéciales de l'Afrique du Nord.

(2) Je n'ai pas les chiffres, ni de 1881, ni de 1905.

En 1882-1885, l'Algérie aurait donc produit 330.067 hectolitres d'huile d'olive.

Elle a exporté en moyenne pendant la même période 21.531 quintaux d'huile d'olive, et importé par contre, 56.151 quintaux d'huile d'olive et de graines grasses. La différence est de 34.620 quintaux en faveur des importations.

En 1901-1904, l'Algérie aurait produit 243.341 hectolitres d'huile d'olive.

Elle a exporté en moyenne, pendant la même période, 43.262 quintaux d'huile d'olive, et importé par contre 101.723 quintaux d'huile d'olive et de graines grasses. La différence est de 58.461 quintaux en faveur des importations.

Les quantités d'huiles comestibles mises à la disposition de la consommation auraient donc atteint 370.000 hectolitres environ pendant la première période, contre 310.000 hectolitres pendant la dernière. Or, d'une période à l'autre, la population a augmenté de près de moitié. La réduction de la consommation par tête qui résulterait de ces chiffres est trop forte pour être possible. Il faut donc admettre que les chiffres de la production de 1882-1885 ont été très exagérés.

Réduisons-les de moitié, ce qui ramène la proportion des exportations de 1882-85 par rapport à la récolte, au même niveau qu'en 1901-1904 ; la production moyenne d'il y a vingt-cinq ans s'établirait ainsi à 165.000 hectolitres au lieu de 330.000.

Or, cette réduction considérable, et qu'il ne semble pas admissible d'aggraver davantage, fait ressortir, pour la production par tête d'huile d'olive en Algérie, de 1882-85 à 1901-04, une situation strictement stationnaire.

En fait, la situation est moins que stationnaire, puisque la différence en faveur des importations d'huiles comestibles est passée de 35.000 à 59.000 quintaux. Voici d'ailleurs ce que je lis dans les comptes-rendus des séances du Conseil Supérieur de Gouvernement (session de 1905, séance du 24 Mai, page 190) :

« M. DE PEYERIMHOFF, *directeur de l'Agriculture.* — ...Comment peut être assuré le développement de l'oléiculture ? Ici, nous produisons environ 30 millions de kilog. d'huile d'olive et nous en exportons à peu près 2 millions. A l'heure actuelle, nous importons 10 millions de kilog. d'huiles neutres, principalement d'huiles de coton. Nous ne faisons même pas notre consommation, et comme vous le voyez, nos frontières sont forcées ».

Il ne me semble pas, au moins pour un avenir peu éloigné, que cet état de choses puisse, d'une façon normale, être modifié en bien. D'après le D\u1D3F Trabut, chef du service botanique au gouvernement général de l'Algérie, il ne faut pas en effet moins de quinze ans pour qu'une olivette donne du bénéfice, et ce n'est que la huitième année que l'olivier commence à payer ses frais d'entretien (1). Et une entreprise à aussi longue échéance apparaîtra

____

(1) *L'Algérie*, par MM. J.-A. Battandier et L. Trabut, page 82.

comme extrêmement hasardeuse si l'on se rappelle que, depuis vingt ans, les prix de l'huile d'olive n'ont fait que baisser, et qu'une baisse plus accentuée est une chose probable. On sait en effet qu'on a découvert récemment (Voir la *Revue Scientifique* du 13 Mai 1905, p. 602), « un procédé permettant de désodoriser et de clarifier l'huile de blé sans perdre de matière, et au contraire avec l'avantage d'abaisser son coût au prix de 0 fr. 50 par gallon (4 litres 1/2). La *Revue* ajoutait : « Désodorisée, clarifiée, l'huile de blé est déjà offerte comme succédané de l'huile de coton, succédané elle-même de l'huile d'olive, et il est à craindre qu'elle ne serve bientôt à falsifier ce dernier produit ».

Il ne semble pas que, dans ces conditions, l'oléiculture possède en Algérie autre chose qu'un avenir précaire, sinon absolument négatif.

LES AUTRES CULTURES

Parmi les « autres cultures » pratiquées en Algérie, deux seulement méritent quelque attention : le tabac et les primeurs. L'importance des autres est insignifiante ; pour déblayer le terrain, je vais — très brièvement — m'en occuper tout d'abord.

LE LIN. — Autrefois, relativement prospère, cette culture est aujourd'hui de plus en plus délaissée. Il suffit, pour s'en rendre compte, de parcourir le tableau suivant :

Années	Nombre de planteurs	Superficies cultivées	Production en graines (1)
1873.........	»	9.442	67.300
1874........	»	8.625	41.109
1875........	»	5.897	35.493
1881-84.... .	552	3.441	24.830
1901-04.....	139	1.120	14.505

LA RAMIE. — La culture de la ramie, sur laquelle on avait à un moment donné fondé des espoirs, a toujours été insignifiante, ainsi que l'établissent les chiffres ci-dessous :

Années	Nombre de planteurs	Superficies cultivées (hectares)
1881..................	1	0,26
1882..................	2	5,00
1883..................	1	0,50
1884..................	1	0,50
1901..................	3	3,00
1904..................	2	6,00

______

(1) Le lin n'a jamais été cultivé en Algérie que pour la graine.

LA SÉRICICULTURE. — Mêmes constatations que pour le lin et la ramie. On comptait, en 1881, 174 éducateurs ayant récolté ensemble 211 quintaux de cocons ; on ne compte plus en 1882 que 48 éducateurs, et 4 en 1903. La *Statistique Générale de l'Algérie* en accuse pour 1904, un total de 9, ayant récolté ensemble 25 quintaux de cocons (1).

LE COTON. — La culture du coton occupait en Algérie, en 1858, plus de 2000 hectares. On n'en trouve plus que 1442 en 1872, et 176 en 1881. On comptait cette année-là 18 planteurs ayant produit ensemble après égrenage, 21.000 quintaux de coton.

En 1889, il n'existe plus qu'un seul planteur produisant 5 quintaux.

Depuis cette époque, le coton a disparu des statistiques algériennes, à une seule exception près, l'année 1900, où l'on voit un planteur indigène cultiver 1 are 15 centiares, et produire après égrenage, 402 grammes de coton.

On pouvait donc croire cette culture définitivement enterrée ; et je n'en aurais pas dit un mot si elle ne venait, il y a quelques mois, d'être à nouveau posée en Algérie, et si elle n'y avait déjà provoqué, en particulier dans le département d'Oran, un engoûment qui menace de prendre des proportions dangereuses.

Il suffit en effet de se rappeler ce que fut la culture du coton en Algérie, comment et pourquoi elle put, à un moment donné, y être pratiquée, pour se convaincre que cette culture, — économiquement parlant, — est impossible dans ce pays.

Contrairement à l'opinion généralement admise, c'est bien avant la guerre de Sécession, bien avant la grande hausse des prix qui en résulta, que la culture du coton fut implantée et se développa en Algérie. Le développement de la culture du coton y fut la conséquence directe du décret du 16 octobre 1853. Voici, brièvement les avantages qu'il stipulait en faveur des planteurs : Les graines leur étaient fournies gracieusement par l'administration. Pendant trois ans à partir de 1854, l'État s'engageait à acheter les cotons récoltés à un prix rémunérateur fixé d'avance chaque année. Passé ce délai et pendant deux autres années, des primes étaient allouées à l'exportation en France des cotons récoltés en Algérie.

---

(1) A propos de la sériciculture, je signalerai ce phénomène extrêmement curieux que le mûrier paraît être en Algérie une plante annuelle, si j'en crois du moins les statistiques de ce pays. Comment, en effet, expliquer autrement les chiffres ci-dessous ?

NOMBRE DE MURIERS EXISTANT EN ALGÉRIE

Campagne agricole	1891-1892	1.618.144
dº	1892-1893	287.617
dº	1893-1894	1.910.806
dº	1894-1895	989.391
dº	1895-1896	1.959.575
dº	1896-1897	314.743
dº	1900-1901	41.998

D'autre part, pendant cinq ans à partir de 1854, des primes étaient allouées à l'introduction en Algérie de machines à égrener. Enfin, des prix provinciaux (3 par province, de 2 000, 3.000 et 5.000 fr.) et un grand prix dit "prix de l'Empereur", d'un montant de 20.000 fr., étaient institués pour récompenser les colons qui, pendant cinq ans à partir de 1854, se seraient distingués par la quantité et la qualité de leurs produits.

On conçoit que, dans ces conditions, la culture du coton ne pouvait pas ne pas se développer en Algérie. Elle atteignit son apogée en 1858 avec une surface plantée de 2.052 hectares. Quelques années plus tard, la guerre de Sécession (1861-1865), en faisant quintupler les prix, lui donnait un regain d'essor : de moins de 300.000 kilogr. en 1861, la production passait à 850.000 kilogr., en 1866. Mais la guerre terminée et les relations commerciales rétablies avec les Etats-Unis, les primes primitivement allouées ayant d'ailleurs été sensiblement réduites, le déclin fut rapide et brutal. Provoqué uniquement par l'intervention administrative, le développement de la culture du coton en Algérie fut aussi éphémère qu'elle. Il s'arrêta complètement quand celle-ci cessa.

Or la question du cotonnier en Algérie ne se pose pas, à l'heure actuelle, autrement qu'en 1853 (1).

LE TABAC. — Cette culture intéresse surtout les indigènes. On comptait en 1881, 1 219 planteurs européens sur un total de 10.147. On en compte, en 1904, 730 sur un total de 7.258.

En même temps que le nombre des planteurs, les superficies cultivées en tabac tombaient de 8.330 hectares en 1881 (10.999 en 1886) à 6.780 hectares en 1904. Cependant cette diminution des superficies n'empêchait pas la production de s'accroître dans des proportions appréciables : 68.700 quintaux en 1901-04, contre 49.910 en 1881-84, ce qui implique une augmentation relativement considérable dans le rendement moyen.

Il y a lieu toutefois de remarquer que la production de 1881-84 représentait 1 kilogr. 442 par tête, tandis que la production de 1901-04 ne représente plus que 1 kilogr. 407. Ce n'est donc même pas, relativement parlant, un état de choses tout à fait stationnaire.

Cette culture intéressante est à la veille d'être frappée d'un impôt, qui ne peut que réduire encore son avenir forcément limité.

LES PRIMEURS. — Quoiqu'elle ait pris dans ces dernières années un développement appréciable, la culture des primeurs reste, en Algérie, d'une importance économique à peu près négligeable. Pour 1902-1905, l'exportation des primeurs (on sait

____

(1) On consultera avec fruit à ce sujet le remarquable ouvrage de MM. Ch. Rivière et H. Lecq : « *Cultures du Midi, de l'Algérie et de la Tunisie* », pages 188 et seq.

que les primeurs ne sont produites que pour l'exportation), représente en effet sur les exportations algériennes totales :

les pommes de terre.......... 9 pour mille
les légumes frais............. 8   d°
les raisins de table........... 4   d°

Total............... 2 pour cent

Voici le détail des exportations de 1905 (1) :

	Quantités	Valeurs
Pommes de terre	100.795 quintaux	1.411 000 fr.
Légumes frais.............	104.809 —	2.201.000
Raisins de table..........	61.046 —	1.221.000

La culture des primeurs, autrefois très rémunératrice, l'est
devenue de moins en moins à mesure que se développait la production et par conséquent la concurrence. Dans l'ensemble, et au
prix d'un travail. extrêmement pénible, elle permet tout juste de
vivre à ceux qui la pratiquent — principalement des mahonnais.
Elle semble ne posséder qu'un avenir des plus limités.

C'est qu'en effet, si l'Algérie a l'avantage de voir ses produits
mûrir presque toujours plus tôt que dans la Métropole, cet avantage se réduit à quelques semaines par rapport au Midi, dont les
produits n'ont pas à supporter d'aussi lourds frais de transport
qui s'aggravent pour l'Algérie du déchet énorme qu'entraînent le
double transbordement des colis et la lenteur du voyage (il ne faut
pas moins de six jours pour que les produits algériens arrivent
sur le carreau des halles), lequel s'effectue en outre dans des
conditions généralement mauvaises. Il suffit que l'Algérie soit un
peu en retard pour que son plein coïncide avec les débuts du Midi.
Dans ce cas, le producteur arrive à peine à retirer ses frais de
culture.

La culture des primeurs n'est du reste possible en Algérie que
dans l'étroite bande littorale ; dès qu'on s'en écarte, le climat
devient beaucoup trop rigoureux ; elle n'y est d'ailleurs pas à
l'abri de la gelée et de la grêle, qui occasionnent trop souvent de
cruels ravages.

Cette dernière observation s'applique aussi et particulièrement
aux fruits (oranges, mandarines, etc.). Vers le milieu du mois de
février dernier (1906), la grêle et la gelée détruisaient en quelques
heures 70 pour cent de la récolte des arbres de Boufarik et de
Blida (2).

---

(1) Les renseignements détaillés manquent dans les statistiques anciennes. De
1902 à 1905, pour les pommes de terre, les quantités expédiées ont baissé de
60.000 quintaux, et les prix de près d'un tiers. En ce qui concerne les raisins, les
quantités expédiées ont augmenté de moitié, mais les prix de vente ont diminué
d'autant. Pour les légumes frais, il y a une baisse légère à la fois sur les quantités
et sur les prix.

(2) Ce fait m'a été signalé par M. Aubert, agent général en Algérie de la maison
Omer-Decugis.

III

L'ÉLEVAGE

L'élevage, en Algérie, est presque entièrement entre les mains des indigènes. En 1900, sur un troupeau total de 12.170.000 têtes, ils en possédaient 11.400.000, c'est-à-dire tout près de 94 pour cent.

Sur ces 12.170.000 têtes d'animaux, 10.286.000, soit 85 pour cent, sont des moutons et des chèvres ; 992.551, soit plus de 8 pour cent, relèvent du troupeau bovin. Les espèces chevaline, mulassière, asine, porcine et cameline, représentent ensemble à peine 7 pour cent du troupeau total de la colonie.

Chevaux. — En 1867, on comptait en Algérie 203.681 chevaux. En 1872, après la famine et la guerre, ils n'étaient plus que 127.946. En 1877, leur nombre s'était relevé à plus de 170.000 ; mais, la période d'insurrection, de froid et de sécheresse de 1881-83 le faisait bientôt retomber à 139.552. Il s'est ensuite progressivement accru jusqu'à 220.047 en 1892, pour retomber du reste graduellement jusqu'à 202.311 en 1900.

On en compte en 1904, 229.119, dont 178.451 appartenant aux indigènes.

L'Algérie possède donc actuellement à peu de choses près, le même nombre de chevaux qu'en 1892, année pendant laquelle on n'en comptait pas sensiblement davantage qu'en 1867.

« D'ailleurs, la race est en décadence ; elle s'affaiblit visiblement » (Maurice Wahl, *L'Algérie*, 4e Ed., p. 377).

Mulets. — En 1867, on comptait 157.024 mulets ; en 1892, 151.075 ; en 1900, 147.333 ; en 1904, 172.695, dont 131.634 aux indigènes.

Anes. — En 1888, on comptait 306.560 ânes, et 265 267 en 1900. On en compte 264.468 en 1904, dont 256.961 aux indigènes.

Porcs. — En 1888, on comptait 83.238 porcs, et 81.884 en 1900. On en compte 88.178 en 1904, dont 88.131 aux européens.

Chameaux. — En 1888, on comptait 299.946 chameaux ; en 1900, 192.841 ; en 1904, 190.184, dont 190.031 aux indigènes.

C'est, depuis une quinzaine d'années, une diminution de 37 pour cent, qui pourra sembler d'autant plus regrettable que les indigènes, dans le sud, ne possèdent pas d'autre moyen de transport.

Espèce bovine

Le troupeau bovin de la Colonie atteignait 1.300.000 têtes en 1856, et 1.115.000 en 1867.

En 1872, après la famine et la guerre, il se trouvait réduit à moins de 725 000 têtes. En 1877, il était remonté à 1.250.000. Mais la période d'insurrection, de froid et de sécheresse 1881-83 le faisait retomber à 1.030.000. Il s'est ensuite progressivement accru jusqu'à plus de 1.230.000 têtes en 1888-1892, pour retomber du reste graduellement jusqu'à 992 551 têtes en 1900. Il est, en 1904, de 1.080.554 têtes (dont 929.330 aux indigènes). C'est le chiffre le plus bas qu'on ait enregistré depuis 1882.

On sait d'ailleurs que l'Algérie importe maintenant plus de bœufs qu'elle n'en exporte Voici le total des cinq dernières années :

Années	Importations	(têtes)	Exportations	Excédent des importat.
1901-1906..	126.915		119.729	7.186

Espèce caprine

De 3.500.000 têtes en 1867, le troupeau de chèvres de la colonie — avec des fluctuations dues aux causes signalées précédemment — était monté jusqu'à près de 5 millions de têtes en 1887. Il a depuis décru progressivement jusqu'à 3.563.097 têtes en 1900. En 1901, les statistiques en accusent 3 923.391, et 4.083.393 en 1904 (après 5.030 043 en 1903).

L'augmentation qui semble résulter de ces derniers chiffres, ne correspond malheureusement à aucune réalité. Elle provient en effet de ce que la statistique n'a plus été établie, depuis 1901 inclus, de la même façon que pour les années précédentes. On tient compte en effet, depuis 1901, des jeunes provenant de la dernière portée, qui ne figuraient pas dans les relevés fournis pour les années précédentes. Or, le troupeau de 1901 ne comprend pas moins de 421.562 chevreaux de 1 à 2 mois seulement (1).

L'effectif de 1901 doit donc être ramené, pour avoir des chiffres comparables aux données antérieures, à 3.501.829, ce qui représente, par rapport à l'année 1900, au lieu d'une augmentation de 360 294, une nouvelle diminution de 61.268 têtes.

De même, le chiffre de 1904 doit être ramené, toutes choses égales, à 3.600.274.

Cette décadence du troupeau de chèvres de la colonie affecte uniquement le troupeau indigène ; le troupeau européen, d'ailleurs relativement insignifiant, est en légère augmentation. Cette décadence pourra sembler d'autant plus symptomatique que l'exportation des chèvres est pratiquement nulle.

---

(1) Conseil Supérieur de Gouvernement, session ordinaire de 1903, 4ᵉ annexe Service pastoral, page 375.

LE MOUTON

J'étudierai plus complètement la question du mouton. Le troupeau ovin comprend à lui seul, en effet, près de soixante pour cent du troupeau total de la colonie ; c'est sa première richesse pastorale ; c'est, avec les chèvres et les céréales, la grande ressource des indigènes ; son importance économique est, en Algérie, de premier ordre.

D'après Clément Duvernois, dans son *Eessai économique sur l'Algérie* (1) le troupeau ovin de la colonie s'élevait en 1858 à 10 millions de têtes.

La famine et la guerre le faisaient tomber à moins de 5 millions en 1868-1872. Mais en 1875, il était revenu à 9.700.000 têtes.

Quelques années plus tard, l'insurrection, des froids rigoureux et une sécheresse anormale (1881-1883) le décimaient à un point tel qu'il retombait à moins de 5.500.000 têtes en 1882. Mais il revenait en 1887-1889 à 10 millions 1/2.

Depuis cette époque, c'est-à-dire depuis une quinzaine d'années, le troupeau ovin n'a cessé de décroître. On n'a plus vu, comme auparavant, des baisses brutales suivies de rapides relèvements : le troupeau s'est affaibli lentement et graduellement, ainsi qu'il ressort des chiffres ci-dessous :

Années	Effectif moyen
1887-1888	10.783.507
1889-1891	9.089.231
1892-1894	8 857.910
1895-1897	7.681.279
1898-1900	7.091.335
1901-1904	6.870.959 (2)

---

(1) Cité par M. Félix Dessoliers: "La Situation économique de l'Algérie ; population et production indigène", dans *l'Algérie Nouvelle* (1896), p. 84.

(2) Les statistiques officielles donnent les chiffres suivants :

pour 1900	6.723.952
pour 1901	8 053.758
pour 1902	8.724.795
pour 1903	8.958.537
pour 1904	8.611.747

Mais voici ce que dit à leur sujet le rapporteur du service pastoral (*Conseil supérieur de Gouvernement*, session ordinaire de 1903, 4e annexe, page 375) :

« L'augmentation constatée entre 1900 et 1901, qui se chiffre par 1.329.806 unités, est plus apparente que réelle. La statistique n'a pas été établie pour 1901 de la même façon que pour les années précédentes. La plus grande partie, sinon la totalité de l'augmentation constatée est due à ce fait que le dernier recensement comprend tous les agneaux au-dessus d'un mois, tandis que les jeunes provenant du dernier agnelage ne figuraient pas dans les relevés fournis pour les années précédentes.

« Si l'on compte seulement 2.500.000 brebis portières, on admettra facilement que cet agnelage représente le gain de 1.329.806 têtes constaté de 1900 à 1901 pour les moutons ».

Afin d'avoir des données comparables, j'ai donc déduit, des chiffres officiels

A quoi attribuer cette décadence du troupeau algérien ?

On tend généralement à l'attribuer aux exportations, c'est l'avis qui a récemment prévalu en haut lieu (1). Il semble bien, en effet, lorsqu'on n'examine la question que d'une manière superficielle, que des exportations exagérées soient la cause profonde de l'affaiblissement du troupeau. Voici par exemple des chiffres curieux ·

Périodes	Effectif moyen annuel du troupeau ovin	Exportation moyenne annuelle
1887-1893	9.477.000	923.729
1894-1899	7.518.778	1.128.896
1900-1904	6.841.558	1.147.573

Ainsi, tandis que l'effectif baissait dans des proportions telles qu'il faudrait que le troupeau de 1900-04 augmentât de près de quarante pour cent pour regagner son importance de 1887-1893 (il faudrait qu'il s'accrût de près de soixante pour cent pour retrouver son chiffre de 1887-1888), les exportations augmentaient de 25 pour cent, c'est-à-dire d'un quart.

Cependant, si l'on compare comme l'a fait M. Couput, alors directeur du service des bergeries, dans une brochure officielle publiée par le gouvernement général de l'Algérie à l'occasion de l'exposition universelle de 1900 (*l'Espèce ovine*. p. 17 *et seq.*) le chiffre de la récolte en blé dur et en orge avec l'effectif du troupeau ovin et l'importance de ses exportations, on constate ceci :

« Une série de bonnes années amène toujours l'augmentation du nombre des animaux ; par contre, ils diminuent en même temps que la production des céréales ». Or, dit M. Couput : « Tant que l'exportation suit la même marche que les récoltes, qu'elle augmente ou qu'elle diminue avec ces dernières, elle est normale et n'a rien d'exagéré.

---

postérieurs à 1900, les agneaux provenant du dernier agnelage, qui, sur la base de 1.350.000 pour 1900, ont dû, toutes choses égales, atteindre le chiffre de

1.610.000	pour le troupeau de	1901
1.745.000	d°	1902
1.790.000	d°	1903
1.720.000	d°	1904

ce qui ramène l'importance du troupeau à

6.443.758	têtes en	1901
6.979.795	d°	1902
7.168.537	d°	1903
6.891.747	d°	1904
Moyenne..... 6.870.959	têtes pour 1901-1904.	

J'ai soumis ces chiffres à M. Couput, directeur du service pastoral, (maintenant en retraite), qui les a admis comme devant "se rapprocher de la vérité". M. Couput ajoutait : "Je crains que 1905, qui a été très mauvais, n'accuse un déficit".

(1) Tout dernièrement (22 juillet 1904) l'administration a interdit l'exportation des brebis du 15 août au 31 décembre de chaque année, en même temps qu'elle donnait ordre d'exécuter avec rigueur un arrêté du 13 mars 1837 qui interdit l'abatage des brebis pleines en Algérie.

« Contrairement aux idées généralement admises, c'est bien ainsi que se comportent d'habitude nos exportations. Elles augmentent dans les années où le rendement des céréales est élevé, c'est-à-dire dans les années où la production ovine est favorisée par les conditions météorologiques ; elles diminuent par contre dans les années mauvaises, alors que les arabes, pressés par le besoin de faire argent de tout pour remplacer le produit de leurs céréales, devraient vendre au contraire un plus grand nombre d'animaux.

« Dans les années très mauvaises seules, l'exportation prend des proportions anormales et qui dépasse la faculté de production de nos troupeaux. Mais, dans ces cas exceptionnels, nos éleveurs n'ont pas le choix : il leur faut vendre à l'étranger leurs animaux ou les voir mourir sur des pâturages desséchés » Et M. Couput ajoutait : « Peut-on prohiber l'exportation dans des conditions pareilles, sans commettre une lourde faute, une criante injustice ? »

Il faisait remarquer enfin l'analogie absolue des fluctuations observées dans le troupeau des chèvres et dans celui des moutons. En effet, quel que soit le nombre atteint par l'exportation de ces derniers, leur effectif suit exactement les fluctuations de celui des chèvres. Il n'existe pas une seule année, et cela depuis trente ans, où le nombre des moutons n'ait pas augmenté ou diminué quand le nombre des chèvres augmentait ou diminuait.

Or, l'exportation des chèvres est absolument nulle.

C'est donc ailleurs que dans l'exportation qu'il faut chercher le motif de la diminution du troupeau ovin.

Et le directeur du service pastoral ajoutait :

« Du reste, l'exportation plus élevée s'explique facilement, et par l'importation annuelle de 300.000 moutons marocains environ qui partent de nos ports après avoir été engraissés, et par l'habitude qu'ont prise les arabes de vendre leurs moutons plus jeunes. »

La diminution du troupeau, concluait M. Couput, « doit donc être attribuée à une cause locale ». Et pour la dégager, il publiait un tableau des modifications subies par le troupeau, de 1889 à 1899, non pour l'Algérie entière, mais par commune, par arrondissement, par chaque région d'élevage.

J'ai continué, pour la période 1899-1904, le travail de ce haut fonctionnaire, et mes constatations, qui confirment rigoureusement les siennes, sont celles-ci :

Un fait se dégage d'une façon absolue : c'est dans la région qu'on est convenu d'appeler le pays du mouton (1) que l'on enregistre une diminution considérable du troupeau, diminution telle qu'elle atteint dans certains cas ou dépasse même 50 pour cent du chiffre total. Et, dans le pays du mouton, c'est les régions à transhumance qui ont été principalement affectées.

---

(1) « Non parce qu'il est propre au mouton, mais parce qu'il n'est propre qu'au mouton ».

Dans le département d'Alger, la diminution est de près de 400.000 têtes, un tiers, pour le territoire civil ; elle est de plus d'un million de têtes, soit 47 pour cent pour le territoire militaire. Or le territoire militaire de cette province ne contient guère que des troupeaux transhumants.

Dans le département d'Oran, mêmes constatations, mais encore plus accusées ; la diminution, pour le territoire militaire, atteint 800.000 têtes, soit plus de 40 pour cent, alors qu'elle n'arrive pas à 200.000 têtes, soit 17 pour cent, pour le territoire civil.

Si nous prenons à son tour le département de Constantine, nous voyons que là aussi ce sont les troupeaux transhumants qui ont surtout été éprouvés ; le territoire militaire et les arrondissements de Sétif, Batna et Constantine ne perdent pas moins de 1.500.000 têtes, alors que pour les quatre autres arrondissements, la diminution totale n'atteint pas 250.000.

Enfin, il y a lieu de remarquer que l'ensemble de ces pertes affecte uniquement le troupeau indigène ; le troupeau européen est au contraire en augmentation :

	TROUPEAU OVIN	
Périodes	Européen	Indigène
1891-1895............	336.898	8.330.178
1896-1900............	364.810	6.920.363
1901-1904............	383.275	6.487.784

C'est donc exclusivement le troupeau indigène, et dans le troupeau indigène, les troupeaux transhumants, sur lesquels a porté entièrement la baisse énorme du troupeau ovin. Cette diminution si considérable des troupeaux nomades pendant une période qui n'offre pas de grandes sécheresses, pendant laquelle il y a même eu quelques récoltes abondantes, ne peut s'expliquer que par les changements survenus dans leur condition d'existence, changements dont les deux plus importants sont : d'un côté, la constitution de la propriété individuelle dans le Sud-Tellien, ce qui a diminué d'une façon très sensible leurs anciens parcours d'été ; de l'autre, la mise en défense des forêts (1). Or, ajoutait M. Couput, « comme ce ne sont pas les vastes espaces qu'ils peuvent parcourir pendant le printemps, mais les ressources qu'ils trouvent pendant la période estivale, qui limitent l'essor des troupeaux indigènes, nous les voyons diminuer en même temps qu'augmentent les entraves mises à leur libre parcours ».

**

____

(1) Il semble particulièrement regrettable que le troupeau ovin ait été aussi sévèrement exclu des forêts algériennes. Le mouton ne peut pas faire grand mal à la forêt ; au contraire, en broutant les *diss* et autres plantes qui en tapissent le sol, il supprimerait ces amas d'herbes qui sèchent l'été et deviennent la cause d'incendies terribles.

Tant que l'on a pu croire que la crise était passagère, il a été possible d'en méconnaître l'importance. A l'heure actuelle, l'illusion n'est plus permise. Si l'on n'aggrave pas sa situation, le troupeau ovin pourra peut-être, semble-t-il, se maintenir à peu près à son chiffre actuel, osciller entre 6 et 8 millions de têtes, (dernier agnelage non compris). Mais il est improbable qu'il revienne, du moins dans un avenir relativement peu éloigné, à ses 10 ou 11 millions de 1887, de 1875 ou de 1858.

Les diverses mesures que l'on a proposées au cours de ces dernières années pour parer à sa décadence — la « reconstitution des pâturages du sud », idée bien théorique, car ces pâturages existent toujours, partout où ils peuvent exister, et durent autant que le climat leur permet de durer — même le vaste programme d'aménagement des Hauts-Plateaux, avec ses points d'eau, ses abris, ses réserves d'approvisionnements, qui coûteraient des sommes énormes, semblent d'une efficacité pour le moins incertaine. Car, comme l'expliquait le directeur du service pastoral dans sa brochure officielle (*l'Espèce Ovine*, p. 58) : « L'arabe de grande tente ne peut faire des abris sur des pâturages où il ne doit rester que quelque temps, et qui ne lui appartiennent du reste pas. Il ne peut faire de provisions pour l'alimentation de ses troupeaux parce qu'il vit dans des régions à pâturages et non à production fourragère ; et, même dans le cas où il lui serait possible de faire ses approvisionnements, comment arriverait-il à les utiliser, lui qui est obligé d'aller dans le nord où de retourner dans le sud pour fuir les rigueurs de l'hiver, pour chercher l'eau indispensable à son existence ? Il ne trouverait rien de ses approvisionnements à son retour ».

C'est donc seulement dans les parties telliennes de l'Algérie, là où l'indigène n'est pas absolument nomade, que l'on peut espérer obtenir un résultat — dans des régions aptes à produire autre chose, et par conséquent, sans avenir pour le mouton.

IV

L'INDUSTRIE ET LES MINES

L'INDUSTRIE

L'importance très secondaire de l'industrie en Algérie ressort manifestement des statistiques commerciales. Sur 272 millions d'exportations totales en 1904, on ne compte en effet que 13 millions 1/2 d'objets fabriqués (1). C'est une proportion inférieure à 5 pour cent. Et encore, dans ces exportations d'objets fabriqués, voit-on figurer, outre un certain nombre de réexportations évidentes (savons. médicaments, verres et cristaux), 1.875.000 fr. de colis postaux.

Parmi les industries trouvant en Algérie leur matière première, et qui y ont pris une certaine extension, on peut citer : (1902)

La tannerie et les industries du cuir, qui occupent 2.517 ouvriers dans 35 établissements ;

La fabrication du tabac (85 établissements et 2,654 ouvriers et ouvrières) ;

L'industrie du crin végétal (124 établissements et 3.520 ouvriers) ;

La fabrication des allumettes (2 établissements et 243 ouvriers.

On compte d'autre part, 44 *distilleries*, occupant 300 ouvriers ; 86 *fabriques de liqueurs, sirops, etc.,* occupant 444 ouvriers ; 67 *fabriques d'eaux gazeuses et minérales*, occupant 277 ouvriers ; 910 *meuneries et minoteries*, avec un personnel de 2.288 personnes ; 37 *fabriques de pâtes alimentaires*, occupant 244 ouvriers ; enfin, 298 *fabriques d'huile*, occupant 1.367 ouvriers.

Deux causes principales enrayent le développement de l'industrie dans ce pays : le manque de cours d'eau réguliers susceptibles de lui fournir des moyens de transport à prix réduit et une force motrice économique, et le défaut absolu de houille qui doit être demandée à l'importation, et se trouve ainsi grevée de frêts onéreux.

LES MINES

MINES. — A la date du 31 décembre 1884, le nombre des gîtes concédés en Algérie depuis 1845 (année où fut accordée la première concession), s'élevait à 40, sur lesquels 12 en exploitation.

En 1905, le nombre des gîtes concédés s'élevait à 84, dont 40 en exploitation, sur lesquels 6, abandonnés depuis un certain nombre d'années plus ou moins considérable, avaient été repris en 1905 ; en outre, 2 mines. reprises en 1905, ont été à nouveau abandonnées après un essai de quelques mois.

---

(1) On en compte 20.353.271 fr. sur 132.409.192 fr. d'exportations totales en 1881 ; mais les données ne sont évidemment pas comparables.

Les gîtes en exploitation pendant tout le cours de l'année 1905 s'établissent donc ainsi à 36, sur lesquels :

Nature du gîte   Nombre de mines

Zinc et plomb..   19, dont 2 dans le département d'Oran
                          1   d°   d°   d'Alger
                      16   d°   d°   de Constantine
Zinc ....   3, dont 2   d°   d°   d'Alger
                       1   d°   d°   de Constantine
Fer ....   7, dont 3   d°   d°   d'Oran
                       4   d°   d°   de Constantine
Fer et zinc .... 1 ⎫
Cuivre .... 4 ⎬ dans le département de Constantine
Mercure .... 1 ⎭
Pétrole 1   d°   d°   d'Oran

Sur les 35 mines métalliques, ont produit dans l'année :

13 moins de   1.000 tonnes de minerai
11 de   1.000 à   5.000   d°
 5 de   5.000 à 10.000   d°
 3 de 10.000 à 20.000   d°
 3 de 20.000 à 30.000   d°

La mine de pétrole (d'Aïn-Zeft, département d'Oran), a produit de son côté, 221.800 tonnes de pétrole brut.

MINIÈRES. — Beni-Saf (dép. d'Oran), est la principale minière exploitée d'une façon active. Elle a produit en 1905, avec 714 ouvriers, 254 853 tonnes de minerai (fer).

Les autres minières du même département n'ont guère produit ensemble qu'une trentaine de milliers de tonnes. Celle de Franchetti est actuellement fermée.

D'autre part, la minière du Zaccar (dép d'Alger). a produit en 1905 environ 80,000 tonnes de minerai.

.˙.

Ces données sont manifestement insuffisantes pour permettre d'apprécier, sinon l'importance relative, du moins le développement de l'industrie minière en Algérie. Les statistiques commerciales viennent heureusement nous fournir à cet égard une indication suffisamment approximative.

Le *zinc* ne figure que dans les exportations de ces dernières années, avec une moyenne de 463.605 tonnes pour 1901-1905.

Le *plomb*, qui avait fourni à l'exportation, une moyenne de 108.333 tonnes en 1881-1885, et de 253.500 tonnes en 1886-90, n'a plus fourni. en 1901-1905, que 59.730 tonnes.

Le *cuivre*, de 145.891 tonnes en 1881-1885, est tombé à 17.140 tonnés en 1901-1905.

Le *fer*, qui figurait pour 5 221.715 tonnes dans les exportations de 1881-1885, figure pour 5 360.363 tonnes dans les exportations de 1901-1905.

Dans l'ensemble, la situation peut donc être considérée comme strictement stationnaire.

Mais la production par tête de minerais de toute nature a fléchi depuis vingt-cinq ans, de près de 25 pour cent (1).

PHOSPHATES. — La production des phosphates date en Algérie de 1893, avec 5 118 tonnes Elle s'est progressivement élevée à 113.000 tonnes en 1895 et à 321.000 tonnes en 1900.

En 1904, les gisements de Tébessa ont produit 311.178 tonnes.

L'exploitation des phosphates de Tocqueville est arrêtée depuis la déconfiture de la Société survenue en 1905.

De même, l'usine installée à Bône pour la production des superphosphastes, a fermé ses portes l'an dernier.

— Le développement de la production des phosphates en Algérie, pour lequel on craignait la concurrence de la Floride (v. Maurice Wahl, *l'Algérie*, 4e Ed. p. 403), paraît surtout menacé par l'importance écrasante et la haute teneur des gisements de Metlaoui, de la Compagnie de Gafsa (sud-tunisien), que l'uniformité de leur composition et en particulier leur teneur régulière en carbonate de chaux rendent excellents pour la fabrication des superphates (2). Les gisements de Metlaoui présentent en outre le très grand avantage de se présenter dans des conditions particulièrement favorables d'exploitation économique. Ils produisent à l'heure actuelle près de 500.000 tonnes.

Complétée par les gisements de Redeyef et d'Aïn-Moularès, l'exploitation de la Compagnie de Gafsa semble devoir produire à brève échéance, d'ici 3 à 4 ans, un million de tonnes par an. Ce sera alors la plus grande phosphatière du monde (production universelle : 5 millions 1/2), et il est à prévoir que même les phosphates américains auront bien de la peine, au moins en Europe, à soutenir la concurrence.

L'avenir réservé aux phosphates algériens pourra donc paraître, — du moins en ce qui concerne les gisements actuellement connus — comme des plus limités.

---

(1) De 1,582 tonnes en 1881-1885, à 1,209 tonnes en 1901-1905.

(2) Voir à ce sujet l'étude de M. L. Pervinquière, chef des travaux de géologie à la Sorbonne, sur « Les phosphates tunisiens » dans la *Revue Scientifique* du 16 Septembre 1905.

V

LES FORÊTS

D'après les relevés administratifs, les forêts occupent en Algérie une superficie d'environ 3 millions d'hectares, dont 2.146.000 hectares de forêts domaniales ainsi réparties :

	Territ. civil	Territ. milit.	Total
	(milliers d'hectares)		
Dép. d'Alger........	425	100	525
Dép. d'Oran	482	105	587
Dép. de Constantine.	874	160	1.034
Totaux.......	1.781	365	2.146

Les superficies des diverses essences rencontrées dans les 1.781.000 hectares de forêts domaniales situées en territoire civil, comprennent notamment :

570.000 hectares de pin d'Alep
460.000 hectares de chêne vert et kermès
280.000 hectares de chêne-liège
100.000 hectares de thuya
et 220.000 hectares de maquis, terrains à alfa, friches.

Parmi ces essences, c'est le chêne-liège qui présente, à beaucoup près, la plus haute valeur ; des particuliers en possèdent quelque 170.000 hectares que l'Etat, il y a une trentaine d'années, a concédés, puis aliénés définitivement à des conditions véritablement scandaleuses (1).

Le rendement en argent des produits forestiers s'est accru dans des proportions considérables depuis une vingtaine d'années. De 588.327 fr en 1885, il s'est élevé à 3.821.326 fr. en 1904. Voici le détail de ces recettes, qui n'est pas donné pour les années antérieures à 1885 :

	1885	1904
Vente des lièges....................	224.147 fr.	2.969.455 fr.
d° bois et écorces à tan.....	230.613	704.014
d° produits divers.........	67.089	111.853
d° de l'alfa.................	66.478	36.004
Total des produits recouvrés en argent...........	588.327 fr.	3.821.326 fr.

____

(1) Voir Burdeau. *L'Algérie en 1891*, page 115 *et seq.*

Si l'on ajoute à ces sommes les produits délivrés gratuitement ou recouvrés en journées de prestations, qui ne figurent pas dans la comptabilité « argent » du domaine, et que l'Administration a évalués à 2.004.950 fr., le total général des produits des forêts domaniales algériennes dépasserait ainsi 5.800.000 fr. pour l'année 1904.

L'augmentation des recettes effectives, de 1885 à 1904, atteint 3.233.000 fr. Dans ce total, la part des lièges est de 2.745.300 fr.

L'augmentation du produit de la vente des lièges, d'abord relativement lente s'est développée d'une façon très rapide au cours de ces dernières années, par suite de la mise en rapport des importants massifs de chêne-liège de la conservation de Constantine, qui entrent en pleine production. « Si les forêts de cette essence n'ont pas à souffrir des incendies, et si les cours du liège se maintiennent, on peut espérer voir les produits des forêts s'accroître encore pendant quelques années » (1),

Je rappellerai à ce sujet, à titre d'indication, que le prix moyen du quintal de liège, qui est actuellement (1904) de 32 fr. 35, était de 24 fr. en 1898.

Il y a lieu d'ailleurs de remarquer que les produits nets du service forestier sont encore insignifiants : 327.000 fr. en 1903, et 591.000 fr. en 1904.

Pour toutes les années antérieures à 1903, le budget forestier accuse un déficit.

---

(1) *Exposé de la Situation Générale de l'Algérie* (1905) présenté par M. C. Jonnart, gouverneur général de l'Algérie, page 297.

VI

LA PÊCHE

On comptait en 1882-1884, 4.807 pêcheurs avec 1.092 bateaux, ayant pêché en moyenne une valeur de 3.790.886 fr. de poisson, représentant 3.471 fr. par bateau et 789 fr. par pêcheur.

Si l'on déduit de ces chiffres les corailleurs, (la pêche du corail ayant été interdite en Algérie depuis le 1er janvier 1900), on reste en présence de 4.262 pêcheurs et de 1.003 bateaux, pour un produit brut de 3.197.089 fr. représentant 3.187 fr. par bateau et 750 fr. par pêcheur.

En 1901-1904, le nombre des pêcheurs était de 5.207 avec 1.236 bateaux, pour un produit brut de 2.943.995 fr. représentant 2.363 fr. par bateau et 565 fr. par pêcheur.

L'industrie de la pêche n'est donc pas, il s'en faut, en progrès. Elle a d'ailleurs toujours été, en Algérie, insignifiante, en dépit des nombreux efforts faits pour la développer, et qu'il n'est peut-être pas sans intérêt de rappeler.

Les passages ci-desous sont extraits d'une brochure officielle *"La Colonisation en Algérie"*, publiée par le gouvernement général à l'occasion de l'exposition universelle de 1900, (p. 79 *et seq.) :*

« En 1845, le comte Guyot, directeur de l'intérieur, fondait une colonie de pêcheurs français à Aïn-Benian, aujourd'hui Guyotville ; on devait y établir 200 familles. La tentative échoua complètement.

« En 1846, même essai à Fouka, et même insuccès.

« En 1848, douze familles de pêcheurs bretons furent installés dans la presqu'île de Sidi-Ferruch. Ces bretons, qui étaient venus pour pêcher et saler la sardine, ne réussirent que médiocrement dans leur entreprise. Ils tentèrent alors des essais d'ostréiculture qui furent également infructueux. Le découragement s'empara d'eux et ils ne tardèrent pas à retourner en Bretagne.

« L'amiral de Gueydon songea, en 1872, à faire du village côtier d'Herbillon, un centre de pêche. Il ne fut pas plus heureux que ses devanciers.

« D'autres expériences furent faites avec des marins corses ou provençaux. Elles eurent le même sort que les précédentes.

« En 1890, l'initiative privée, encouragée par l'administration civile et l'autorité maritime, renouvela ces tentatives. Des industriels, qui avaient créé dans la baie de Stora des usines de salaisons et de conserves de poissons, firent venir une trentaine de familles originaires de Douarnenez, d'Audierne et de Concarneau pour la pêche à la sardine. Réparties entre Philippeville, Collo et

Stora, elles séjournèrent quelque temps dans le pays. Elles ne purent rendre les services qu'on attendait d'elles, et rentrèrent au pays natal.

« On crut mieux faire en s'adressant, non plus à des familles de l'Océan, mais à des pêcheurs de la Méditerranée. Dans le courant de l'année 1891, douze familles de Collioure furent transportées à Philippeville aux frais du gouvernement général, qui alloua à chacune d'elles une prime de 200 fr. et une indemnité de logement de 10 fr. par mois.

« Le résultat fut nul, et, malgré les efforts des autorités locales, il fallut procéder au rapatriement de ces familles. »

— Cependant, quelques années plus tard, l'administration décidait la création de trois villages de pêcheurs au cap Matifou qui termine la baie d'Alger.

« Le premier, Jean-Bart, fut établi, en 1893, à l'est du cap, en vue d'un groupement de 24 familles. L'Etat fit construire douze maisons doubles à un étage, formant une seule rue aboutissant au sentier de la plage. A chaque maison, on annexa un lot de jardin.

« Une école et une église avec presbytère furent ensuite édifiées dans ce centre.

« Le deuxième village, Surcouf, fut fondé en 1895, à l'endroit dénommé Petit-Matifou, où il existait déjà un hameau. Il se compose de 20 feux. 10 maisons doubles y ont été construites sur le modèle amélioré de celles de Jean-Bart. Un lot de jardin a été aménagé pour chaque famille. Un atelier de salaisons a été établi sur la plage. Le village est également doté d'une école.

« L'année 1897 a vu naître le troisième, La Pérouse, qui, placé dans l'intérieur de la baie, fait face à Alger. Constitué pour 20 feux, il renferme 20 maisons simples avec appentis et autant de lots de jardin. Un industriel a obtenu de l'Etat les avances nécessaires pour y installer un atelier de salaisons. Un bâtiment scolaire y a été construit depuis peu.

« Chaque ménage a bénéficié, pour les personnes, les bagages, le mobilier et le matériel, du transport gratuit depuis le point de départ en France jusqu'au lieu d'installation en Algérie. Il a reçu en outre, une prime d'émigration de 200 fr. dès son arrivée dans la colonie, et un matériel de pêche complet (barque, avec son gréement : filets, sardinaux, palangres, bonitières, etc.), d'une valeur totale de 2.000 fr. De plus, il lui a été attribué en concession une maison et un jardin, sous la condition de résider pendant cinq ans. A l'expiration de cette période, le pêcheur deviendra propriétaire à titre définitif de ce bien, et se trouvera libéré entièrement de l'obligation qu'il avait contractée.

« Les soins médicaux et les médicaments sont encore fournis gratuitement aux familles de pêcheurs. Le matériel de pêche, perdu ou détérioré leur a souvent été remplacé. Par la distribution de secours répétés, l'administration les a assistés de la façon la plus large. »

A Jean-Bart, « pendant les deux premières années de la création du centre, le gouvernement général eut à lutter contre les tentatives réitérées de retour en masse dans la Métropole. Les dépenses s'accrurent de ce chef. Il fallut même, à un moment donné, pour éviter l'exode complet qu'on craignait, garantir aux pêcheurs, durant un certain temps, un minimum de salaires. »

— Quel a été le résultat d'un pareil sacrifice ?

Sur les 24 familles installées à Jean-Bart (qui « n'appartiennent pas toutes au peuplement primitif qu'il a fallu renouveler individuellement assez souvent »), il en reste actuellement (mai 1906) 7, dont 5 ont mis leur propriété en vente.

A Surcouf, il en reste 4, dont 2 seulement ont encore leur bateau.

A La Pérouse, il en reste 2, dont un seul est resté pêcheur ; l'autre tient un débit.

VII

LE MOUVEMENT COMMERCIAL

Le Commerce extérieur

Jusqu'en 1884 inclus, le service des douanes algériennes etablissait ses calculs de valeurs d'après des tarifs invariables fixés depuis longtemps déjà.

De 1885 à 1901, les évaluations ont été faites d'après les taux fixés annuellement par la Commission permanente des valeurs siégant au ministère des finances. On pourra juger de l'exactitude de ces évaluations — en ce qui concerne l'Algérie — par la simple lecture du petit tableau suivant :

	VINS	
Années	Valeur de la production totale	Valeur officielle de l'export.
1896	59.206.000	100.574.000
1897	67.035.000	136.385.000
1898	92.400.000	117.385.000
1899 ....:	63 479.000	132.055.000
Totaux	282.120.000	486.399.000

Des majorations de cette envergure étaient, on le conçoit, de nature à transformer du tout au tout l'aspect général du mouvement des échanges. Aussi, à la suite d'une campagne de protestation des plus vives, le haut commerce algérien obtenait, en 1902, que les évaluations seraient désormais faites par une commission spéciale siégeant à Alger.

Sous la réserve de ces observations, voici, à titre d'indication, les chiffres du mouvement commercial de l'Algérie actuellement et il y a vingt-cinq ans :

	COMMERCE	
	général	spécial
1881-85..............	482.278.000 fr.	461.645.123 fr.
1901-05.............	638.204.000 fr.	613.498.400 fr.
Différence	+ 155.926.000 fr.	+ 151.853.277 fr.
soit	+ 32 %	+ 33 %

Ces valeurs (commerce spécial) représentent par tête :

en 1881-85	135 fr. 40
en 1901-05	125 fr. 00
Différence	— 10 fr. 40
soit	— 7 1/2 %

Il est à noter d'autre part, que l'excédent des importations sur les exportations, qui aurait été de 124 millions en 1881-85, n'aurait plus atteint, en 1901-05, que 77 millions. Dans les années intermédiaires, il y a à peu près équilibre ; quelques années : 1889, 1892, 1895, 1896, 1897, 1899, accusent même des excédents d'exportations — ce que la situation de Trésorerie contredit d'ailleurs catégoriquement.

Depuis 1902, c'est-à-dire depuis que les évaluations sont faites par une commission spéciale siégeant à Alger, voici quel a été le mouvement du commerce de la colonie (commerce spécial) :

Années	Importations	Exportations
1902...............	325.685.000	299.172.000
1903...............	345.617.000	287 697.080
1904...............	367.411.000	272.198.000
1905...............	369.261.000	219.912.000

Si l'augmentation des importations ne doit pas être *à priori* considérée comme un mal, on pourra estimer par contre, que l'énorme fléchissement des exportations, — dû, il est vrai, en majeure partie, à la baisse du prix des vins, — est un symptôme des plus fâcheux.

Cette baisse se poursuit d'ailleurs en 1906 ; elle est pour les trois premiers mois, de 5 millions de francs, par rapport à la période correspondante de 1905.

***

La façon dont ont été chiffrées les valeurs officielles ne permettant pas de se faire une idée de l'importance et du développement du commerce extérieur de l'Algérie, j'ai dépouillé, pour les principales marchandises exportées, les chiffres des quantités.

L'exportation des vins, du tabac, des légumes frais et des fruits, du liège, des phosphates, ainsi que de quelques autres articles de moindre importance, est en augmentation plus ou moins appréciable, et proportionnelle à l'accroissement, constaté plus haut, de leur production respective.

Par contre :

Bêtes à laine. — Le nombre des moutons exportés en 1901-05 est de 1.197.140, contre 615.240 en 1881-85. Mais on a vu dans quelle décadence est le troupeau de la colonie.

Bêtes ovines. — L'exportation moyenne annuelle de 1901-05 est de 23.946. Celle de 1881-85 était de 25.713.

Et, en 1901-05, l'importation a atteint 25.383 têtes, chiffre supérieur à celui des exportations.

Céréales et leurs farines. — L'exportation moyenne annuelle de la période 1881-85 est de 1.842.200 quintaux, représentant 53 kilog. par tête.

L'exportation de 1901-05 est de 2.438.375 quintaux, représentant 54 kilog. par tête.

De leur côté, les importations ont passé de 162.101 quintaux en 1881-85 à 223.435 quintaux en 1901-05.

Huiles — L'exportation des huiles d'olive a passé de 21.531 quintaux en 1882-85 à 47.172 quintaux en 1901-05.

Mais les importations d'huiles comestibles (huiles d'olive et de graines grasses) ont passé, pendant la même période, de 56.151 quintaux à 101.998 quintaux.

L'excédent des importations, de 34.620 quintaux en 1881-85, s'est donc élevé à 54.826 quintaux en 1901-05.

Minerais. — L'exportation des minerais (zinc, plomb, cuivre, fer) est passée, de 5.475.939 tonnes en 1881-85, à 5.900.838 tonnes en 1901-05.

L'exportation de 1881-85 représentait 1,582 tonnes par tête. Celle de 1901-05 en représente 1,209.

La Navigation

Les chiffres ci-dessous résument le mouvement de la navigation depuis 1888 (1) :

	Navires chargés (Entrées et sorties)	
	Navires	Tonnage
en 1888-92...............	6.637	3.968.954
en 1901-05...............	7.181	5.744.233
Différence.......	+ 544	+ 1.775.279
soit.........	+ 8 %	+ 45 %

Les deux données ne sont malheureusement pas strictement comparables. On sait en effet les efforts accomplis par l'Administration et par le haut commerce d'Alger, depuis une vingtaine d'années, pour faire de ce port le principal centre de ravitaillement des navires relâcheurs dans la Méditerranée. Or, si ces relâcheurs représentent pour le commerce local une source de bénéfices qui n'est certes pas négligeable, ils sont sans signification en ce qui concerne le mouvement général du commerce extérieur, que nous étudions en ce moment.

Ces efforts ont d'ailleurs donné les résultats les plus satisfaisants : les quantités de charbon livrées à Alger aux navires relâcheurs ont en effet, depuis 1884, suivi une progression constante ; elles dépassent maintenant celles de Gibraltar.

Or, avant cette époque, c'est-à-dire en 1881-84, le mouvement total de la navigation, entrées et sorties, navires chargés et navires sur lest, était de 9.114 navires jaugeant 3.674.017 tonneaux. Il est, en 1901-05, de 8.244 navires jaugeant 6.472.534 tonneaux,

____

(1) Les statistiques algériennes ne font la distinction entre les navires chargés et les navires sur lest que depuis 1888.

ce qui représente une différence en moins de 870 navires, mais une différence en plus de 2.798.517 tonneaux. Et comme, d'autre part, le mouvement des relâcheurs s'est élevé en 1901-05, à 1.371 navires jaugeant 2 573.145 tonneaux, alors qu'il était insignifiant et purement accidentel avant 1884, (les statistiques n'en font pas même mention), on voit donc qu'en définitive, le développement de la navigation en ce qui concerne le mouvement général des échanges n'a pu — fatalement — que suivre la tendance générale de la production et du commerce dans le pays.

Les Recettes des Chemins de Fer

De 1881-85 à 1901-05, la longueur du réseau ferré algérien a passé de 1.415 à 3.075 kilomètres ; les recettes brutes effectives, de 16.521.000 à 31.933.000 ; quant aux recettes brutes kilométriques, qui étaient de 11.687 fr. en 1881-85, elles ne sont plus, en 1901-05, que de 10.713 fr., et entre ces deux extrêmes, s'étend une courbe accentuée de nombres inférieurs avec des minima de 7.688 fr. en 1889, 7.398 fr. en 1893, 7 942 fr. en 1896.

Les recettes brutes réalisées pendant l'ensemble de la période 1881-1905 s'élèvent à un total de 601.104 000 fr.

Si, pendant toute la période 1881-1905 considérée, la recette brute kilométrique était restée simplement stationnaire à son niveau de 1881-85, le total des recettes brutes effectives encaissées pendant cette période aurait été de 776.719.000 fr. au lieu de 601.104 000 fr. C'est une diminution de 176 millions, = 23 pour cent.

Ne considérons que les recettes brutes effectives en elles-mêmes.

En 1881-85, les recettes brutes effectives des chemins de fer algériens réprésentaient 3 fr. 80 par tête d'européen.

En admettant que ce taux soit resté stationnaire, — ce qui ne saurait à coup sûr pas être considéré comme un signe de progrès, — et en laissant de côté la participation incontestable et de jour en jour plus importante de l'élément indigène dans les recettes des chemins de fer, ces recettes brutes effectives auraient atteint en 1901-05, 25 277.000 fr. au lieu de 32.953.000 fr. C'est une différence, en faveur de 1901-05, de 7.676.000 fr.

Que représente cette différence ?

Si on laisse de côté la participation incontestable et de jour en jour plus importante de l'élément indigène dans les recettes des chemins de fer, cette différence représente exactement une augmentation dans la contribution des européens de 1 fr. 15 par tête, soit de 30 pour cent, en vingt-cinq ans.

Et si l'on admet que le taux de la contribution européenne soit resté stationnaire, — ce qui, je le répète, ne saurait évidemment pas être considéré comme un signe de progrès, — cette différence représente, à 3 fr. 80 par tête, la contribution dans les recettes brutes effectives des chemins de fer algériens, de 4 3/4 pour cent de la population indigène (1), proportion certainement inférieure à la réalité.

---

(1) 200.785 sur 4.218,397.

Les Recettes Postales

Les recettes postales et télégraphiques ont passé en Algérie, de 1881-85 à 1901-05, de 3.115.412 à 5.832.869 fr.

En 1881-85, ces recettes postales et télégraphiques représentaient 7 fr. 18 par tête d'européen.

En admettant que ce taux soit resté stationnaire, — ce qui ne saurait à coup sûr pas être considéré comme un signe de progrès, — et en laissant de côté la participation incontestable et de jour en jour plus importante de l'élément indigène dans les recettes postales, ces recettes auraient atteint en 1901-05 4.766.580 fr. au lieu de 5.832.869 fr. C'est une différence en faveur de 1901-05 de 1.066.289 fr.

Que représente cette différence ?

Si on laisse de côté la participation incontestable et de jour en jour plus importante de l'élément indigène dans les recettes postales, cette différence représente exactement une augmentation dans la contribution des européens de 1 fr. 61 par tête, soit de 23 pour cent en vingt-cinq ans.

Et si l'on admet que le taux de la contribution européenne soit resté stationnaire, — ce qui, je le répète, ne saurait évidemment pas être considéré comme un signe de progrès, — cette différence représente, à 17 fr. 18 par tête, la contribution dans les recettes postales et télégraphiques de 3 1/2 pour cent de la population indigène (1), proportion certainement inférieure à la réalité.

Les Faillites

Le nombre des commerçants en état de cessation de paiement s'est accru en Algérie, depuis vingt-cinq ans, dans des proportions considérables, qui confirment de la façon la plus rigoureuse nos constatations précédentes, ainsi qu'il résulte des chiffres suivants :

Années	Faillites (ouvertes dans l'année)	Liquidations judiciaires	Total
1881	240	»	240
1882	253	»	253
1883	246	»	246
1884	261	»	261
1901	325	114	439
1902	343	149	492
1903	309	144	453
1904	433	128	541

---

(1) 148.690 sur 4.218.397.

Ce qui représente :

Moyenne de la période 1881-1884 :   250
Moyenne de la période 1901-1904 :   481
       Différence $+ \overline{231}$ = + 92 pour cent.

Par rapport à la population totale de l'Algérie, au lieu de 1 faillite par 13 840 habitants en 1881-84, on en compte donc en 1901-04, 1 par 10.148 habitants seulement. C'est une augmentation de plus de 26 pour cent.

Par rapport à la population européenne, c'est une proportion de 1 faillite par 1.736 habitants en 1881-84, contre 1 par 1.378 habitants seulement en 1901-04. L'augmentation est de 20 1/2 pour cent.

Si j'avais, — ce qui n'aurait d'ailleurs pas été légitime, — comparé les extrêmes 1881-1904, l'augmentation brute ressortait à 125 pour cent, et l'augmentation relative (européens) à plus de 32 pour cent.

VIII

LA SITUATION FINANCIÈRE

LES BUDGETS ALGÉRIENS DE 1881 à 1900

Les documents officiels sont loin de concorder d'une manière absolue dans les chiffres qu'ils donnent sur la situation financière de l'Algérie. Les publications qui sont rédigées à Alger font apparaître un excédent régulier des recettes ; au contraire, les publications qui s'éditent à Paris font ressortir un déficit notable et permanent. La situation réelle est à la fois beaucoup moins favorable que ne l'indiquent les statistiques algériennes, et moins défavorable aussi que ne l'indiquent les statistiques françaises. Celles-ci, en effet, font état des dépenses militaires, qui doivent rester à la charge du budget métropolitain. Par contre, celles-là sont généralement entachées d'omissions considérables : par exemple, de 1887 à 1891, on a tout simplement négligé de porter au budget les garanties d'intérêts envers les voies ferrées, lesquelles ont varié pendant cette période de 15 à 22 millions. — « La comptabilité algérienne paraît ne pas exister, » dit M. Paul Leroy-Beaulieu ; « les prétendus excédents sont une pure et tout à fait indigne mystification » (*L'Algérie*, 2e Ed. p. 195).

Un tableau plus véridique et plus détaillé que les documents antérieurs a paru dans la *Statistique Générale de l'Algérie (Statistique Financière de 1900)* Ce tableau englobe l'ensemble des budgets depuis 1830. Il en ressort, de la façon la plus frappante, que, comme l'avait d'ailleurs constaté M. Paul Leroy-Beaulieu, « le budget de l'Algérie est en déficit réel, constant et considérable. » De 1881 à 1900 seulement, les déficits accumulés, (dépenses militaires exclues) ne se sont pas élevés à moins de 539.852.817 fr., ce qui représente un déficit annuel moyen do près de 27 millions, — chiffre inférieur à la réalité, puisqu'il ne comprend pas les dépenses de la gendarmerie, les pensions civiles et les subventions aux localités, qui, au moins pour les dernières années, se sont élevées annuellement à 13 ou 14 millions de francs.

Négligeons ces dernières dépenses qu'il est d'ailleurs impossible de chiffrer exactement. La situation, de 1881-85 à 1896-1900 s'établit de la façon suivante :

De 1881-85 à 1896-1900, les recettes totales ont passé de 40.851.574 fr. à 58.976.011 fr.

Quant aux dépenses totales, déduction faite des dépenses militaires, — ainsi que des annuités versées à la Cⁱᵉ Algérienne, d'un montant annuel d'environ 5 millions, et réglées au budget de 1898 par une inscription de 60.971.185 fr.. (cela afin d'avoir des données comparables,) — elles se sont élevées pendant la même période de 57.741.937 fr. à 77.684.498 fr.

Contre une augmentation des recettes de 18.124,437 fr , nous avons donc une augmentation supérieure des dépenses de 19.942.556 fr.

Voici, à titre de document, un relevé sommaire des principaux chapitres :

RECETTES

	1881–1885	1896–1900
Patentes	1.456.518	1.849.979
Quatre contributions arabes	6.137.687	5.897.846
Enregistrement	3.899.062	3.970.421
Droits de douane	8.093.496	13.171.911
Contributions diverses	1.407.165	7.168.364
Tabacs et poudres (monopole)	1.574.408	895.195
Postes, télégraphes et téléphones	3.115.412	4.801.157
Produits du Domaine	2.677.130	4.553.911
Produit des forêts	463.739	1.621.442
Pensions civiles	829.415	1 090.904
Fonds de concours	811.524	1.776.998

DÉPENSES

	1881–1885	1896–1900
Administration générale	6.867.754	9.928.711
Justice	2.721.514	2.756.509
Cultes	1.290.920	1.206.537
Instruction publique	2.579.840	6.446.826
Agriculture, commerce et industrie	1.640.207	2.107.204
Travaux publics	9.153.906	10.941.999
Colonisation	3.250.635	2.204.657
Services financiers	10.970.056	16.653.537
Garanties d'intérêts	9.749.252	21.700.000

Des indications importantes peuvent être retirées de ces deux tableaux.

En ce qui concerne les recettes, on voit que les douanes et les contributions diverses ont produit à elles seules la presque totalité de l'augmentation constatée : et encore faut-il remarquer qu'en ce qui touche celles-ci, l'augmentation de 5.761.000 fr. est due presque entièrement au droit sur les alcools institué en 1892, qui représente pour la période 1896-1900, 5.102.871 fr. Les patentes sont en augmentation de moins de 400.000 fr.

Par contre, le rendement des quatre contributions arabes pré-sente un déficit, ainsi que les tabacs et les poudres (monopole). L'enregistrement est stationnaire. Quant à l'accroissement des produits des domaines, des forêts et des postes et télégraphes, il est plus que compensé par les dépenses afférentes à ces services, et qui ont atteint en 1896-1900, pour les forêts : 2.936.832 fr., contre 1 621.000 francs de recettes pour les postes et télégraphes ; 5.750.308 fr , contre 4.801.157 fr , de recettes.

En ce qui concerne les dépenses, l'augmentation des trois cha-pitres frappera particulièrement : celle des dépenses d'Adminis-tration générale, qui a dépassé 3 millions représentant près de 50 pour cent ; celle des services financiers (frais de régie des impôts remboursements) qui s'est élevée de près de 6 millions équivalant à

60 pour cent ; enfin celle des garanties, qui est de 12 millions soit de 125 pour cent.

Il est inutile d'entrer dans des détails plus circonstanciés en ce qui concerne cette période ; elle ne présente plus guère, en effet, qu'un intérêt historique puisque, depuis 1901, le régime financier de l'Algérie a été complètement remanié, et que ce pays est aujourd'hui doté d'un « Budget Spécial ».

Le Budget spécial

Depuis 1901, l'Algérie possède donc son budget spécial. Il serait superflu de retracer ici dans quelles conditions il a été obtenu et de quelle façon il est établi. Toutefois, avant d'examiner les résultats qu'il accuse, je dois faire remarquer deux choses :

On sait que, dans ce budget, les dépenses sont divisées en deux grandes catégories : les dépenses obligatoires et les dépenses facultatives. Si le départ entre les deux catégories de dépenses avait été judicieusement fait, il semble que les premières auraient dû correspondre aux dépenses de souveraineté, et les secondes aux dépenses locales. Il n'en est pas tout à fait ainsi. La répartition a été effectuée d'une façon bizarre et sans méthode, et l'on n'est pas peu étonné, par exemple, de voir figurer dans les dépenses FACULTATIVES des postes et télégraphes (chap. 116) ce paragraphe : « Allocations et indemnités *obligatoires*. »

D'autre part ce budget spécial qu'on appelle aussi « budget intégral, » est très loin de comprendre toutes les dépenses de l'Algérie. Il ne comprend ni les dépenses militaires, ni les dépenses de la marine, ni même les garanties d'intérêts et les pensions civiles ; de sorte que, somme toute, l'Algérie ne fait réellement face, avec ses impôts et revenus, qu'à une partie de ses dépenses, moins de la moitié, un peu plus des deux cinquièmes.

***

Chose remarquable, depuis que l'Algérie est dotée d'un budget spécial, tous ses budgets se soldent régulièrement par des excédents.

Budget de	Recettes	Dépenses	Exédent des Recettes
1901 (1)	57.885.441	54.184.065	3.701.376
1902 (1)	60.018.333	53.829.399	6.188.934
1903 (1)	71.040.953	61.796.122	9.244.831
1904 (2)	69.896.347	62.491.875	7.404.472
1905 (3)	71.778.913	71.703.406	75.507
1906 (3)	95.547.370	95.447.829	99.541

(1) d'après les comptes définitifs.
(2) d'après les résultats provisoires.
(3) d'après les évaluations budgétaires

Nous allons examiner, exercice par exercice, d'où proviennent ces excédents, s'ils sont réels, s'ils sont fictifs.

Budget de l'exercice 1901. — Ainsi que nous l'avons vu, le budget de l'exercice 1901 s'est soldé par un excédent de 3.701.376 fr.

A quoi fut-il dû ?

Voici ce que disait à ce propos M. Paul Révoil, gouverneur général de l'Algérie (1):

« Il est intéressant d'indiquer d'où provient l'excédent de recettes du budget de 1901. Cet excédent n'est pas dû à une plus-value des recettes réalisées par rapport aux évaluations budgétaires ; il y a eu au contraire une moins-value de plus de 500.000 fr. Si le budget algérien de 1901 s'est soldé par un boni de 3.701.376 fr 31, cela tient uniquement à des annulations de crédits non employés. »

Or, ces anulations de crédits ont atteint un total de 4.367.301 fr. 79.

Il m'a semblé intéressant de connaître les raisons pour lesquelles il y avait été procédé.

Voici ce que dit à ce sujet le rapporteur général du budget de 1904 (2) :

« En 1901, on a pu craindre un déficit..... M. le Gouverneur général très justement alarmé à la perspective qu'un déficit se révélât au moment même où nous songions à contracter un emprunt, donna l'ordre pressant aux divers ordonnateurs d'avoir à ajourner toutes les dépenses qui n'étaient pas rigoureusement indispensables. De là un certain nombre d'inutilisations de crédits qui sont tombés en annulations. »

— L'excédent de recettes accusé par les comptes administratifs de 1901 doit donc être considéré comme un excédent fictif.

Budget de l'exercice 1902. — Le budget algérien de l'exercice 1902 s'est soldé par un excédent de 6.188.934 fr. J'ajoute immédiatement que cet excédent est dû jusqu'à concurrence de 3.437.072 fr. 39 à des annulations de crédits. Mais on remarquera que, dans ce budget, les recettes présentent, par rapport à celles de l'exercice précédent, une augmentation appréciable de 2.132.892 fr.

Cette augmentation des recettes est malheureusement et plus qu'entièrement apparente. En fait, les recettes proprement dites accusent une diminution de près de 985.000 fr., et cela en dépit d'une imposition de 4 centimes additionnels sur les impôts arabes qui a produit à elle seule 772.312 fr. L'augmentation qu'elles semblent présenter résulte de ce qu'on y a incorporé une somme de 3.117.747 fr. de " Prélévements sur les Fonds d'Emprunt".

---

(1) Conseil supérieur de gouvernement, session ordinaire de 1903, *Exposé de la situation générale de l'Algérie*, p. 122.

(2) Délégations financières, session de mai 1903. *Rapport général du budget*, par M. de Solliers, délégué financier, ancien député, p. 78.

Les annulations de crédits et les prélèvements sur les fonds d'emprunt montant ensemble à 6.554.520 fr., on voit donc que, de même que pour 1901, l'excédent de recettes qui ressort des comptes administratifs de 1902 était purement fictif.

**

Cependant, quoique fictifs, ces excédents, montant ensemble à près de 10 millions à la fin du mois de décembre 1902, durent être, puisque la comptabilité algérienne affirmait leur existence, considérés comme de réelles disponibilités, et comme telles, affectés à la "Caisse de réserve" instituée par la loi du 19 décembre 1900. Cette loi stipulait, on se le rappelle, que les excédents de cette caisse de réserve, au-dessus d'un minimum indisponible de 5 millions, devaient revenir pour un tiers à la Métropole. C'est ainsi que la France se vit attribuer, sur les "excédents" de 1901 et 1902 des budgets algériens, une somme approchant un million et demi.

Le jeu d'écritures employé par l'Algérie se retournait donc contre elle. Son inscription, dans ses recettes, de plus de 3 millions de fonds d'emprunt put faire apparaître un accroissement de revenus alors qu'il existait une baisse réelle ; ses annulations de crédits, décidées expressément "pour qu'un déficit ne se révélât au moment où nous songions à contracter un emprunt", lui permit peut-être de contracter cet emprunt à des conditions plus favorables, — ;; encore la chose n'est-elle pas prouvée.

Mais cela lui coûta, pour commencer, un million et demi (1).

Budget de l'exercice 1903. — Le résultat du budget algérien de 1903 a été définitivement arrêté ainsi qu'il suit :

Recettes................	71.304.043 fr. 41
Dépenses.............	61.796.122 fr. 48
Excédent de recettes........	9.507.920 fr. 93

Cependant, l'article 7 du décret du 27 juillet 1905 stipule que, de cet excédent de recettes, « doit être déduite une somme de 263.089 fr. 97 pour compenser le prélèvement d'égale somme effectué sur les fonds de trésorerie de l'Algérie en vue du remboursement au département de Constantine de parts de contributions arabes lui revenant, qui ont été attribuées par erreur au budget de la colonie ».

L'excédent subsistant après cette déduction s'élève à 9.244.830 f. 96 qui a dû être, conformément à la loi de 1900, considéré comme une disponibilité nette, et affecté à la caisse de réserve, alors qu'il comprenait 5.524.829 fr. 91 de " prélèvements sur les fonds d'emprunt" ainsi qu'un prélèvement de 500.000 fr. sur cette même caisse de réserve et 3.479 146 fr. 01 d'annulations de crédits (2), total : 9.503.976 fr.

---

(1) Et cela lui coûta encore 5 millions en chiffres ronds pour les deux exercices 1903 et 1904.

On sait que, depuis 1905, le partage n'existe plus (art. 4 de la loi du 23 juillet 1904). Mais le minimum indisponible a été porté à 10 millions.

(2) Délégations financières, session de mars 1904, rapport général du budget, page 56.

De même que pour les budgets de 1901 et 1902, l'excédent de recettes qui ressort des comptes administratifs de 1903 était donc purement fictif.

Il n'en est pas moins vrai que les recettes constatées pendant cet exercice ont été, d'une manière générale, très supérieures à celles de 1902. Les impôts et revenus (§ 1) sont en augmentation de 2.913.151 fr. 30 ; les produits des monopoles et exploitations industrielles de l'Etat (§ 2) de 258.044 fr. 36 ; les produits et revenus du domaine de l'Etat (§ 3) de 1.186.187 fr. 85, dont 1.124.238 fr. 38 pour les forêts ; enfin, les produits divers du budget (§ 4), de 377.082 fr. 78. — Total : 4.734.466 fr. 29.

Si cette augmentation des recettes provenait de plus-values normales, du développement régulier des ressources du pays, elle serait évidemment à considérer comme un symptôme des plus favorables. Il n'en est malheureusement pas ainsi.

Voici ce que dit à ce sujet le rapporteur général du budget de 1905 (1) :

« Ce résultat est dû à une coïncidence de circonstances entièrement favorables. Toutes les récoltes ont réussi.

« La récolte de céréales a été de 19.300.000 quintaux environ, légèrement inférieure à celle obtenue en 1902, 1901 et 1900, qui avait été respectivement de 22.115.000, 21.394.000 et 22.538.000 quintaux, mais encore très supérieure à la récolte moyenne de la période 1890-1899, qui n'avait été que de 15.721.000 quintaux. D'autre part, les exportations de céréales, sans être aussi abondantes que dans les années précédentes, ont été élevées, atteignant plus de 1.588.000 quintaux, dont 725.856 quintaux pour le froment, avec de bons prix.

« De son côté, la vigne a donné les produits les plus abondants qu'on ait jamais enregistrés ; la récolte s'élève à près de 7 millions d'hectolitres, alors que la moyenne des dernières années ne dépassait pas 5 millions. A cet abondance du produit est venu, plus encore que pour les céréales, s'ajouter une hausse considérable de sa valeur », — hausse due à une raison purement accidentelle : le déficit énorme de la production française (35 millions d'hectolitres en 1903).

Enfin, il ne faut pas oublier que cette augmentation des recettes a été également due, pour partie, à des accroissements de taxes et à de nouveaux impôts, ainsi qu'à des causes fortuites, purement momentanées.

Voici ce qu'on peut lire à ce sujet dans l'*Exposé de la situation générale de l'Algérie* pour 1903, p. 127 *et seq.*

---

(1) Délégations financières, session de mars 1904, *Rapport général du budget*, par M. de Solliers, délégué financier, chap. I, § II, p. 52-53.

Dans les recouvrements des contributions indirectes et taxes assimilées, l'impôt des patentes a produit en 1903, 230.000 fr. de plus qu'en 1902. Mais cela « provient aussi de la réforme de la législation des patentes », autrement dit de l'application à la colonie des dispositions du décret du 16 novembre 1902.

Dans les perceptions opérées par le service des douanes, on remarque une infériorité de 365.000 fr. dans le produit des sucres, qui est la conséquence de la détaxe effectuée à partir du 1er septembre 1903. Mais cette infériorité est plus que compensée par une augmentation de 750.000 fr., c'est-à-dire du double, sur les marchandises diverses, augmentation d'ailleurs tout à fait accidentelle puisqu'elle fut « due en grande partie à l'importance des dédouanements de cafés opérés sur le commerce au moment où l'on prévoyait une élévation des droits sur cette denrée, en vue de constituer des approvisionnements échappant à la surtaxe ».

D'autre part, l'augmentation des produits et revenus du domaine de l'Etat provient pour partie « d'importantes aliénations d'immeubles ».

Je signalerai pour mémoire l'imposition de centimes additionnels aux impôts arabes au titre de l'assistance indigène, en remplacement d'un égal nombre de centimes précédemment perçus au titre de la propriété indigène, et maintenus jusqu'à cette époque, bien que l'objet qui les avait justifiés avait cessé d'exister (1) et montant à près de 780.000 fr. J'ajouterai encore que la lezma autre que celle de Kabylie a été frappée, par décret du 11 novembre 1902, du même nombre de centimes — 4 — que l'achour, le zekkat et l'hockor, — que la taxe sur la vigne a été portée, dans le département d'Oran, de 2 fr. 50 à 3 fr. par hectare (2).

On sait enfin que, par décret du 29 juillet 1902, les vermouths et vins de liqueur ont été soumis aux droits de consommation et d'octroi de mer sur l'alcool.

La part qui, dans l'accroissement des recettes de l'année 1903, relèverait essentiellement d'une amélioration stable des conditions économiques, paraît donc devoir être extrêmement réduite.

La baisse survenue en 1904 vient confirmer cette manière de voir.

Budget de l'exercice 1904. — En 1904, en effet, les recettes n'ont plus atteint que 69.896.347 fr. C'est une moins-value d'environ 1.150.000 fr. Mais, en 1904, les prélèvememts sur les fonds d'emprunt se sont élevés à 7.671.757 fr. contre 5.524.830 fr. en 1903. La moins-value réelle doit donc être portée à 3.300.000 fr. Si l'on en déduit la part afférente aux territoires du sud, part qui a eu du

---

(1) Les travaux de constitution de la propriété indigène ayant été suspendus.
(2) Puis à 4 fr. pour les départements d'Alger et d'Oran en 1904.

reste sa contre-partie aux dépenses (1), cette moins-value ne semble pas avoir été inférieure à 2 millions, surtout si l'on tient compte et des recettes purement accidentelles, et des recettes dues à des accroissements de taxes ou à de nouveaux impôts.

Voici ce que je relève à ce sujet dans l'*Exposé de la situation générale de l'Algérie* pour 1904, p. 163 *et seq.*

Aux produits indirects, « la plus-value provient surtout de ce que le droit de consommation sur l'alcool a été, en contre-partie de la détaxe des sucres, augmenté de 27 fr. par hectolitre, à partir du 1er janvier 1904 ».

Les produits du domaine, autres que les produits forestiers, sont en moins-value de 87.000 fr., malgré qu'il y ait eu « dans le département d'Oran une plus-value de plus de 160.000 fr. provenant pour la plus grande partie des produits d'une succession en deshérence ».

Aux droits de douane, le fléchissement de 2.300.000 fr. constaté sur les sucres, par suite du dégrèvement du 1er septembre 1903, est compensé, dans une très large mesure, et par l'accroissement du rendement des taxes et surtaxes sur les alcools (+ 923.000 fr.) et par une perception accidentelle (+ 703.000 fr.) due à l'importation d'huiles de pétrole raffinées que le commerce a eu avantage à demander directement à l'étranger plutôt qu'à la Métropole ».

On sait enfin que l'exercice 1904 a vu la création d'un droit de statistique à la frontière du Maroc (60.000 fr.)

Quoiqu'il en soit, le budget de 1904 s'étant soldé par un excédent de 7.404.472 fr., alors que les seuls « prélèvements sur les fonds d'emprunt » se sont élevés pendant cet exercice à 7.671.757 fr., l'excédent du budget de l'exercice 1904 était donc, comme les précédents, purement fictif.

⁕⁕

Les comptes administratifs des budgets de 1905 et 1906 n'ayant pas encore été publiés, je ne donnerai à leur sujet que des indications sommaires.

---

(1) On pourrait penser que l'organisation des territoires du sud a dû modifier profondément le budget spécial. Il n'en est rien. Si elle a donné lieu à l'inscription d'une subvention de 656.000 fr. au chapitre 3 de la section III, cette dépense était compensée par une diminution corrélative des autres chapitres. En effet, tandis que l'organisation des territoires du sud faisait ressortir en ce qui concerne les départements une diminution de recettes de.......... 679.936 fr. 60
et une diminution de dépenses de............... 24.126 fr. 53

d'où une perte sèche pour eux de.............. 655.810 fr. 07

pour la colonie, la situation était renversée ; elle donnait une diminution de dépenses de............ .... 2.066.362 fr. 79
pour une diminution de recettes de............. 1.397.622 fr. 63

d'où un gain net pour elle de. .... 668.740 fr. 16

Il était donc tout indiqué, pour rétablir l'équilibre budgétaire des départements, de leur passer le boni de la colonie, qui était à peu près égal à leur perte. Il n'y avait ainsi rien de changé, ce qui fut fait.

Budget de l'exercice 1905. — Pour l'exercice 1905, les prévisions de recettes, fixées à 71.778.913 fr., menacent de donner lieu à de sérieux mécomptes.

Voici ce que disait à leur sujet le rapporteur général du budget (1) :

« En somme, dans le projet de budget de 1905, les bases d'évaluations reposent pour la plus grande part, en principe, sur les recettes réalisées en 1903 ; or, nous avons eu l'occasion de déclarer que de telles recettes sont tout à fait exceptionnelles ; on peut donc se demander s'il n'y a pas de l'imprudence, de la part de l'administration, à ainsi s'en servir.

« En admettant que l'année 1903 ait un lendemain, ce qui est vraisemblable, puisque la campagne agricole 1903-04 qui nous vaut cette prospérité fiscale, chevauche sur ces deux budgets, elle n'aura sans doute pas de surlendemain. Le déficit dans la récolte du vin en France, qui a coïncidé à la fois avec une grande production algérienne en 1903-04 et une élévation inusitée des prix (2), sera certainement comblé en 1905.

« Or, si, d'un côté, nous avons le droit absolu de ne pas préparer des excédents artificiels par excès de pessimisme dans les évaluations, d'autre part, ce devoir s'impose à nous de ne pas créer des déficits au moyen de prévisions systématiquement optimistes ».

Ces craintes du rapporteur général du budget de 1905 ne semblent malheureusement que trop justifiées.

Voici en effet comment se comparent les recouvrements de l'année 1905 avec ceux de l'année 1904 (12 premiers mois de l'exercice) :

	en + ou en — pour 1905
I. — Impôts et revenus	— 3.061.155 fr. 91
II. — Exploitations industrielles de l'Etat...	+ 305.964 fr. 91
III. — Produits et revenus du domaine de l'Etat	+ 1.033.613 fr. 27
IV. — Produits divers du budget	+ 521.763 fr. 74
Total des ressources ordinaires....	— 1.199.813 fr. 99

Et voici ce que constatait l'année suivante le rapporteur général du budget (3) :

« Le budget de 1905 n'a été bouclé que grâce à 800.000 fr. de ressources exceptionnelles (500.000 fr. représentant le solde créditeur du fonds sanitaire, et 300.000 fr. les intérêts des bons du Trésor) ».

---

(1) Délégations financières, session de mars 1904, *rapport général*, pages 68-69.

(2)

	Récolte française	Prix moyen du vin en Algérie
En 1903	35.402.336 hectolitres	19 fr. 05
En 1904	66.016.567 d°	5 fr. 55

(3) Délégations financières, session de mars 1905, *Rapport général du budget*, p. 118.

Budget de l'exercice 1906. — L'énorme écart de près de 23 millions qui apparaît, dans le tableau que nous avons donné au
commencement de ce chapitre, entre le budget de 1906 et celui de
1905, est beaucoup plus apparent que réel. Il résulte du décret du
16 février 1905 qui, pour assurer l'exécution de la loi du 23 juillet
1904 laquelle a, comme on le sait, décentralisé l'administration des
chemins de fer algériens, a incorporé à ce budget, au titre des
recettes, la subvention de 18 millions allouée par la Métropole, et,
au titre des dépenses, les charges de la garantie d'intérêts et les
annuités afférentes au rachat de la compagnie franco-algérienne,
qui n'y figuraient pas.

Le budget de 1905 a été ainsi porté à :

Recettes............................... 89.778.913 fr.
Dépenses.............................. 89.703.406
faisant apparaître le même excédent de.. 75.707 fr.

Quant au budget de 1906, il s'équilibre comme suit (1) :

Recettes............................... 95.547.370 fr.
Dépenses.............................. 95.447.829
Excédent.................. 99.541 fr.

L'augmentation réelle n'est donc que de 5.700.000 fr. ; et encore
faut-il en déduire 3.590.650 fr. d'accroissement dans les prélèvements sur les fonds d'emprunt (2), ce qui la réduit en définitive à
2 millions 100.000 fr (3).

« Le budget de 1906 », dit le rapporteur général du budget (4),
« a été malaisé à dresser. Les évaluations de recettes, bien qu'on
en ait tendu quelques-unes et non des moins importantes, n'avaient
donné que deux millions d'excédents sur le budget de 1905, pour
trois millions de dépenses nouvelles qu'il y a eu à couvrir.

« Le million en retard a été fourni par le crédit relatif aux chemins de fer inscrit au budget de 1905 et devenu libre en 1906,
parce que les chemins de fer d'intérêt général suffiront (d'ailleurs
tout juste) à couvrir les dépenses de ce service ».

Budget de l'exercice 1907. — Quel sera le budget de l'exercice
1907 ? On l'ignore encore. Au moment où j'écris ces lignes, les
délégations financières viennent seulement de se réunir, et le
discours d'ouverture prononcé par M. le gouverneur général
Jonnart, est de nature à légitimer les plus vives appréhensions.

---

(1) D'après le dernier document publié qui, dans l'espèce, est le rapport de
M. le sénateur Milliès-Lacroix, n° 316, Sénat, annexe au procès-verbal de la séance
du 8 décembre 1905, page 5.

(2) Rapport Milliès-Lacroix, p. 6.

(3) Y compris 300.000 fr. environ de bénéfices fournis par la réforme des taxes
sur les polices d'assurances contre l'incendie ; taxe annuelle représentative des
droits d'enregistrement, taxe d'abonnement au timbre, et taxe de 6 fr. par million
de capital assuré (Rapp. Milliès-Lacroix, p. 6).

(4) Délégations financières session de 1905, *Rapport général du budget*, p. 118.

La situation critique des budgets algériens s'aggrave en effet pour 1907 du fait de la loi abaissant à 0 fr. 10 le prix d'affranchissement des lettres ; la diminution des recettes qui en résultera pour 1907 est évaluée officiellement à 800.000 fr., chiffre qui d'ailleurs paraît exagéré. Mais cela ne serait rien si « l'accélération anormale de la progression des dépenses » dénoncée par le rapporteur général du budget de 1906 (1) ne se trouvait encore accentuée, pour 1907, et cela dans une mesure qui pourra sembler d'autant plus considérable que, d'après l'administration elle-même, « il n'est pas sage d'escompter la continuation des progressions de recette » (2), au sujet desquelles il semblerait même qu'on doive craindre certains mécomptes (3).

---

(1) Voici ce qu'il disait (délégations financières, session de mars 1905, *Rapport général du budget*, § 3, intitulé : "L'accélération anormale de la progression des dépenses") :

« Si l'on s'en rapportait exclusivement à l'exposé des motifs du projet de budget de 1906, il ne semble pas que l'on pût parler d'une augmentation inusitée dans la dépense et de l'accélération du taux de sa progression ». Mais, contrairement à ce qu'a fait l'administration. élaguons du budget tout ce qui est accidentel et passager, l'intrusion de pareils éléments ne pouvant que masquer et altérer la véritable physionomie du budget ordinaire, qui, lui, représente ce qu'il y a de durable et de permanent dans notre vie budgétaire. Rapprochons le budget ordinaire de 1906 de ceux qui l'ont précédé, de manière à posséder d'utiles termes de comparaison, et l'on va voir que nous allons aboutir à des conclusions sensiblement différentes de celles vraiment trop favorables que nous présente l'administration ».

Années	Montant des crédits	Progression annuelle	Observations
1902....	54.454.245 fr. 25		(°) A partir du 1ᵉʳ jan-
1903....	55.870.446 fr. 82	+ 1.416.201 fr.	vier 1904, une partie des
1904....	55.053.006 (*)	— 817.440	dépenses a été détachée du budget de l'Algérie
1905....	57.403.406	+ 2.350.400	pour être rattachée au
1906....	60.485.520	+ 3.082.114	budget des territoires du sud.

Après une série de retranchements de sommes ayant leur contre-partie dans les fonds de concours, « il reste 2.342.114 fr. d'augmentations réelles de 1906 sur 1905, ce qui représente, le budget de 1902 étant figuré par 100, et celui de 1905 par 105,4, le chiffre de 109,2 pour 1906. Par rapport à 1905, l'accroissement est donc de 4,3 pour cent. C'est un joli chiffre étant donné qu'en France, qui n'est pas un pays de continence budgétaire, la progression d'un budget sur l'autre est généralement de 1,5 pour cent.

« Les dépenses ne sont donc pas quasiment stationnaires, comme on le donnait à entendre ; elles croissent au contraire en vertu d'une progression passablement accélérée ».

Et le rapporteur général du budget ajoutait :

« Il est d'autant plus indispensable d'endiguer le flot montant de la dépense que, lorsqu'on recherche à quoi elle est précisément destinée, on est contraint de constater que, la plupart du temps, elle sert à augmenter les dépenses du personnel. »

(2) Délégations financières (colons), séance du 11 Mai 1905. M. de Peyerhimhoff, directeur de l'agriculture, du commerce et de la colonisation, commissaire du gouvernement.

(3) Délégations financières (colons), séance du 12 Mai 1906, M. Mallet, commissaire du Gouvernement : « Les prévisions de recettes établies par l'Administration ont été soumises au ministère des finances qui, tout en les approuvant dans l'ensemble, a fait observer que certaines évaluations paraissaient trop élevées ».

On relève en effet dans le discours du gouverneur général les indications suivantes :

Les crédits des services des postes et télégraphes sont augmentés au projet de budget de 1.305.000 fr. ; les crédits des forêts de 282.000 fr. ; l'instruction publique de 779.650 fr. ; la douane de 110.000 fr.

C'est ainsi que le gouverneur général était appelé à proposer aux délégatious financières un impôt sur le tabac qui, « en tenant largement compte de la fraude, pourrait rapporter 4.355.000 fr. ; à défaut, de porter à 80 pour cent de ce qu'ils représentent en France (au lieu de 44 °/₀ actuellement) les droits d'enregistrement, ce qui augmenterait leur produit annuel « d'une somme de 3.989.000 fr. »

Le gouverneur général ajoutait :

« Dans 18 mois, les fonds de l'emprunt de 50 millions contracté en 1902 seront complètement épuisés ; vous n'hésiterez pas, sans doute, à recourir à un nouvel emprunt ». Il annonçait que, de ce nouvel emprunt, « la première tranche serait vraisemblablement émise en 1908 ». Il n'en fixait pas la quotité mais il rappelait que « M. Laferrière n'avait pas hésité à évaluer à 300 millions la somme totale à emprunter ».

Le budget de 1907 s'ouvre donc sous ces auspices : nouveaux emprunts, nouveaux impôts.

A vrai dire, l'administration déclare que l'impôt projeté sur le tabac a essentiellement le caractère d'une taxe de remplacement ; il serait destiné « à combler le déficit résultant de la détaxe postale ».

Mais, fait observer le président des délégations financières :

« Peut-on employer l'expression « combler un déficit », lorsqu'on demande 4.800.000 fr. au contribuable pour balancer une moins-value de 800.000 fr. ? »

Et il terminait sur cette phrase qui emprunte à la haute situation qu'il occupe une signification et une portée particulièrement graves :

« Je reste persuadé que nous pouvons cette année boucler notre budget. Cela ne fera pas l'affaire de tout le monde. Il nous suffit que cela fasse l'affaire de l'Algérie » (1).

⁎⁎⁎

Ainsi donc, malgré les énormes excédents de recettes accusés régulièrement par les budgets algériens, malgré que la troisième tranche de l'emprunt de 50 millions de 1902 ne soit pas — du du moins officiellement — encore émise, l'Algérie se trouve déjà dans la nécessité inéluctable, et de s'infliger de nouveaux impôts, et de s'engager à brève échéance, dans de nouvelles dettes.

---

(1) Discours prononcé à la salle Barthe le 12 mai 1906, *Dépêche Algérienne* du 14.

Sept ans seulement d'autonomie financière aboutissent à ce résultat. Burdeau l'avait prévu : « Le budget spécial ne crée ni recettes nouvelles ni élasticité plus grande ; il ne crée qu'une illusion et qu'un danger nouveau de déficit » (1).

L'emploi des fonds d'emprunt

L'Algérie va donc contracter un nouvel emprunt. — La gravité de ce fait apparaît comme d'autant plus sérieuse lorsqu'on sait dans quelles conditions a été conclu l'emprunt de 1902, et à quoi il a servi.

D'après l'article premier de la loi du 7 Avril 1902, cet emprunt, d'un montant nominal de 50 millions, était « destiné à assurer l'exécution des travaux ci-après :

Ouvertures de routes et de chemins ;

Amélioration des ports de commerce ;

Travaux d'hydraulique agricole ;

Création et amélioration de centres de colonisation ;

Construction de maisons forestières, reboisement et mise en valeur des forêts ».

Le gouverneur général décida que l'emprunt serait réalisé en trois fois, au fur et à mesure des besoins, par fractions, les deux premières de 15, et la troisième de 20 millions.

Aux termes du contrat intervenu les 2-5 juin 1902 entre le gouvernement général et les sociétés de crédit intéressées, il fut créé 32.327 obligations de 500 fr. 3 0/0, amortissables au pair en 60 ans. Ces obligations furent cédées au prix de 464 fr. l'une, faisant ressortir un intérêt de 3,23 pour cent par an, amortissement non compris (2), aux sociétés contractantes dont les caisses furent désignées pour le service en France des coupons et de l'amortissement, moyennant une commission de 1/10 pour cent.

L'inscription à la cote officielle a été obtenue le 25 août 1902.

La deuxième tranche de l'emprunt, portant sur 33.708 obligations nouvelles, fut émise le 15 janvier 1905 dans des conditions analogues, avec cette différence toutefois que, le cours du titre ayant fléchi dans de sérieuses proportions, le prix de vente de l'obligation aux sociétés contractantes dut être abaissé à 445 fr., portant ainsi le taux de l'intérêt pour la nouvelle tranche à 3,37 pour cent amortissement non compris (4.125 % avec l'amortissement).

---

(1) *L'Algérie en 1891.* page 240.

(2) 3,894 % y compris l'amortissement.

La troisième tranche n'aurait pas encore été émise (1).

Comment ces fonds ont-ils été employés ?

— Nous avons vu qu'ils ont servi, en premier lieu, à faire apparaître, dans les budgets algériens des excédents fictifs de recettes qui, aux termes de la loi de décembre 1900, durent être affectés à la « Caisse de réserve », dont les excédents, au-dessus d'un minimum indisponible de 5 millions, devaient revenir pour un tiers à la Métropole. Ces excédents soumis au partage ont atteint, pour les exercices 1902 à 1904, une somme totale de 19.339.612 fr. 77, sur laquelle il est revenu à l'Etat 6.446.537 fr. 59 (2).

Or, nous avons vu que de 1902 à 1904, les « prélèvements sur les fonds d'emprunt », qui servirent à constituer les « excédents » appliqués à la Caisse de réserve, ont atteint 16.814.334 fr., dont le tiers est de 5.604.778 fr. (3), qu'a encaissé la Métropole.

Voilà à quoi ont servi, en premier lieu, les fonds d'emprunt de l'Algérie.

— Ils ont servi, en second lieu — car on n'en avait pas l'utilisation immédiate totale, nous verrons pourquoi —, à grossir l'encaisse improductive du Trésor, puis, plus récemment, grâce à une loi spéciale, à acquérir des Bons du Trésor rapportant 2 3/4 pour cent, alors que cet argent coûtait à l'Algérie plus de quatre pour cent, amortissement compris.

— Enfin, ces fonds ont aussi servi, pour partie, à poursuivre la réalisation du « programme » qui avait été le prétexte de l'emprunt,

Quel était ce programme ?

Voici ce que dit à ce sujet le rapporteur général du budget de 1906 (4) :

« A parler franc, il n'y a jamais eu de programme d'emprunt ; c'est ce qui a été universellement reconnu au Parlement ainsi que dans les assemblées algériennes. Comme il n'y a pas de programme d'emprunt, on va nécessairement à l'aventure. Aussi, les observations formulées par M. de Saint-Germain, dans la séance plénière du 11 juin 1903, nous paraissent sans réplique. « Comme « pour faire adopter l'emprunt par les pouvoirs publics, faisait-il « remarquer, il fallait joindre tout au moins un semblant de « programme, on a vidé tous les cartons du service des Ponts et « Chaussées, on a fait masse et bloc de tous les vieux dossiers. C'est « ainsi qu'a été fait un programme que j'ai toujours considéré, au « moins en ce qui concerne les routes et les chemins, comme un chef- « d'œuvre d'incohérence En effet, si les projets exhumés dor-

---

(1) Mes renseignements particuliers me permettent cependant d'affirmer que la troisième tranche de l'emprunt a parfaitement été émise, et cela au mois d'avril dernier. Elle a porté sur 41.288 obligations cédées aux sociétés contractantes à 462 fr. 50 l'une, mais avec jouissance du 15 janvier.

(2) Rapport Milliès-Lacroix, page 23.

(3) La différence provient, comme on l'a vu, d'annulation de crédits intentionnellement non employés.

(4) Délégations Financières, session de mars 1905, *Rapport général du budget*, p. 53 *et seq.*

« maient dans les cartons, c'est qu'ils avaient toujours présenté
« une urgence secondaire. On n'a même pas pris soin de les
« coordonner. C'est ainsi qu'on a prévu des routes coûtant chacune
« plus d'un million, pour mettre en communication avec le nord,
« c'est-à-dire pour relier Aumale d'un côté à Bordj-bou-Arréridj
« de l'autre, une misérable bourgade sans avenir, Bou-Saâda ».

— Et comme conclusion, il ajoutait : « Nous nous sommes, au
« moins pour cette première portion de 15 millions, trouvés dans
« cette nécessité de partir sur des données extrêmement vagues
« ou erronées. Nous cherchons chaque jour à les préciser et à les
« rectifier. Jusqu'à présent, à ma connaissance, il n'y a pas eu de
« faute trop lourde, de maladresse commise. Nous irons donc
« jusqu'à la fin de cette première tranche de l'emprunt, et, si
« l'assemblée est de mon avis, l'année prochaine, quand il s'agira
« de faire appel à un nouveau groupe de millions, nous ne don-
« nerons notre adhésion que sur le vu d'un programme d'emploi
« absolument net et précis ».

« Les paroles de M. de Saint-Germain n'ont guère été enten-
dues. La deuxième tranche de l'emprunt a été votée et réalisée au
mois de janvier dernier ; cependant, nous ne voyons pas qu'on
nous ait apporté un programme net et précis. On continue à
fouiller dans ces volumineux cartons, que raillait spirituellement
notre ancien confrère (1), et vraisemblablement on continuera à
y fouiller jusqu'à l'épuisement complet de la totalité des fonds
d'emprunt et même au-delà. Ce qui n'empêchera pas d'ailleurs
que, lorsque toutes ces sommes auront été dépensées, et que par
un mouvement instinctif de recul, on voudra se rendre compte
des résultats obtenus, on constatera probablement que l'entretien
de notre outillage est devenu plus dispendieux qu'autrefois, sans
que pour cela, dans son ensemble, son utilité et sa valeur se
soient beaucoup accrues.

« Employés comme ils le sont, en dehors de toute préoccupa-
tion d'un grand effort à réaliser qui donne une plus-value à
l'exploitation algérienne, les fonds d'emprunt tendent à devenir
un moyen commode, mais extrêmement coûteux, d'augmenter les
crédits du budget ordinaire ; et, si l'on n'y prend garde, la difficulté que l'on éprouvera ensuite, comme conséquence de la
tyrannie des mauvaises habitudes prises, à les réintégrer dans des
limites normales, nous conduira soit à un mauvais emploi de nos
excédents budgétaires, soit, s'ils nous manquaient, à l'expédient
des emprunts à jet continu.

---

(1) M. de Saint-Germain a été depuis nommé conseiller de gouvernement et
directeur des territoires du sud.

Il n'est peut-être pas sans intérêt de signaler que, à la séance des Délégations
Financières (colons) du 10 mai 1906, M. de Solliers a émis un vœu tendant « à ce
que le gouverneur ne donne aucun avancement ni ne confère aucun emploi aux
membres élus des délégations financières pendant l'exercice de leur mandat et trois
ans après son expiration ». Ce vœu renvoyé à la 1re commission, a été rejeté par
elle (12 mai), pour ce motif que son adoption aurait pour effet d'empiéter sur les
attributions gouvernementales et d'écarter des délégations une série de citoyens
éclairés et compétents ».

« Ce qu'il y a en effet de particulièrement dangereux dans cette absence de véritable programme, ce n'est pas seulement que l'Administration soit conduite à exécuter des projets d'un caractère de médiocre urgence et à éparpiller sans grand avantage final son effort dans toutes les directions, c'est encore et surtout, ce qui est une inévitable conséquence du désordre auquel nous assistons, que nous sommes exposés à dépenser beaucoup plus que nous nous étions imaginé au début.

« Quand l'emprunt de 50 millions a été voté, c'est 50 millions et pas un million de plus que, pour l'instant, les délégations financières entendaient affecter à des travaux extraordinaires. Elles étaient convaincues qu'une annuité de 2.500,000 fr, à inscrire à un modeste budget de 55 à 60 millions étaient une charge très suffisante pour le présent, et elles auraient certainement refusé leur consentement si on leur avait annoncé que ces 50 millions n'étaient qu'une amorce et comme la première tranche d'un emprunt global de 80 à 100 millions peut-être, les fonds disponibles de la caisse de réserve étant probablement insuffisants à payer le solde des ouvrages commencés, nécessitant quelque jour l'inscription au budget d'une autre annuité de 2 millions à 2.500.000 fr.

« C'est cependant ce qui est arrivé. Déjà l'an dernier, le contre-amiral de Percin a pu écrire, dans son rapport sur l'emploi des fonds d'emprunt pour les travaux maritimes. séance du conseil supérieur du 25 mai 1904 : « Au total, la colonie doit contribuer pour 16.450 000 fr. aux travaux neufs des ports maritimes, phares et balises de l'Algérie ».

« Les crédits sur fonds d'emprunt à affecter aux travaux maritimes n'étant que de 12 millions, il sera nécessaire de faire face à ces dépassements *sur les fonds ordinaires*.

« Les dépassements absorbent les crédits ordinaires jusqu'en 1910 ; des travaux imprévus peuvent en outre devenir nécessaires et dès maintenant, il paraît impossible d'abandonner le port de Mostaganem dans l'état déplorable où il se trouve à la suite de la tempête du 23 au 30 novembre 1903.

« Il est certain par suiteque les crédits ordinaires seront absorbés jusqu'en 1915.

« Ainsi l'éventualité que nous signalions, il y a un instant, s'est déjà produite pour les travaux maritimes ; les crédits ordinaires sont absorbés jusqu'en 1915, et comme malgré tout, il sera nécessaire de procéder à des travaux courants, il faudra peut-être recombler les crédits des travaux maritimes à l'aide de fonds extraordinaires.

« Jusqu'où ira-t-on dans cette voie ? C'est ce qu'il est assez difficile de dire.

« En ce qui concerne la colonisation et les forêts, il semble qu'il sera possible de s'arrêter dès qu'on saura le vouloir. Les travaux auxquels s'appliquent les fonds d'emprunt dans ces deux

services (créations de centres, constructions de maisons forestières, ouvertures de chemins), peuvent être arrêtés sans que
l'œuvre précédemment entreprise soit compromise. Il y aura
moins de villages, moins de maisons, moins de chemins que
l'on avait prévus, mais ce qui a été créé subsistera.

« Il ne peut en être de même pour les travaux publics propre-
ments dits. Un travail interrompu est souvent ici un travail
perdu. Il faudra donc coûte que coûte continuer ce qui aura été
commencé : combler les lacunes des routes, terminer les jetées
des ports, achever les ponts et les barrages. On peut donc être
entraîné fort loin.

« Si l'on compare les sommes allouées aux travaux publics sur
l'emprunt de 50 millions avec celles nécessitées pour l'exécution
du programme indéfini qui a été entrepris, on constate que, de
l'aveu même du service des travaux publics, il y a une différence
de 30 millions.

PROGRAMME PRÉSENTÉ PAR LE SERVICE DES TRAVAUX PUBLICS EN 1902

	Sommes nécessaires à son exécution	Sommes attribuées sur le montant de l'emprunt de 50 millions
Travaux hydrauliques..	24.000.000	7.000.000
Travaux maritimes.....	12.000.000	12.000.000
Ponts et chemins.......	24.000.000	12.000.000
	60.000.000	31.000.000

Il y aurait donc un manque de 29 millions, et ce manque est
certainement plus considérable, puisque nous voyons que les
travaux maritimes, qui ne devaient absorber que 12 millions, en
absorberont, dit-on, plus de 19.

« Ainsi, il n'y a pas à se faire illusion. D'ores et déjà, vous
devez vous attendre à ce qu'après l'épuisement plus ou moins
rapide du produit du premier emprunt de 50 millions, il faille
encore trouver 50 millions do ressources extraordinaires, sans
parler de celles qui peuvent être nécessitées, le cas échéant, pour
l'exécution de nos travaux de chemins de fer.

« Bien que cette constatation soit assez pénible, nous avons le
devoir de vous la signaler. »

*
* *

Pour que cette étude fût complète, il serait peut-être nécessaire
d'y adjoindre un examen des budgets départementaux et des
budgets communaux ; mais cela dépasserait notablement les
limites du cadre que nous nous sommes tracé.

Je me bornerai à faire remarquer que les emprunts départementaux (sommes restant dues), représentent actuellement plus de 36
millions en capital, et près de 72 millions en annuités, amortissements et intérêts ; que les emprunts communaux représentent
en capital plus de 66 millions, et près de 114 millions en annuités.

Si l'on ajoute ces sommes aux deux premières tranches — les deux seules, jusqu'à présent, officiellement émises — de l'emprunt de 50 millions de 1902, qui représentent à elles seules (sommes restant dues) près de 33 millions en capital, et plus de 69 millions en intérêts et amortissements ; — si l'on songe qu'un nouvel emprunt algérien est déjà en préparation, et que son émission est officiellement annoncée pour 1908 ; — si l'on se rappelle que ces emprunts algériens sont en somme gagés sur des budgets en déficit ; — si l'on se souvient que le développement régulier des recettes, extrêmement médiocre, est dû en outre, pour partie, à de nouvelles taxes ou à des augmentations d'impôts ; — qu'au contraire, les dépenses, et principalement les dépenses improductives, croissent, suivant l'expression même du rapporteur général du budget de 1906 « suivant une progression passablement accélérée », très supérieure à celle que nous constatons en France, qui n'est cependant pas, nous le savons que trop, un pays de continence budgétaire ; — si l'on se rend compte enfin des véritables conditions économiques de l'Algérie, d'après les éléments d'appréciation que nous avons donnés dans les premiers chapitres de cette étude, et des espoirs qu'elles autorisent, on pourra penser que, à l'envisager strictement au point de vue financier, la situation de l'Algérie apparaît sous un jour qui n'est pas précisément rassurant.

Il ne faudrait pas cependant s'en exagérer la gravité

« Tout le monde sait », disait Burdeau (1) « que dans le passé, la France a toujours soldé, et avec raison, les différences de l'Algérie, qu'elle ne peut pas changer en un jour les mœurs fondées à la longue sur cet état de choses, et qu'elle serait toujours là pour payer, si une mauvaise récolte ou une gestion imprudente mettait la colonie dans l'impuissance de s'acquitter. En sorte que, malgré toute la spécialité possible du budget algérien, les engagements de l'Algérie seraient au fond les engagements de la France ».

Les engagements de l'Algérie sont au fond les engagements de la France. Voilà pourquoi, mais seulement pourquoi, en définitive, sa situation financière n'est pas de nature à légitimer des craintes trop vives.

Quand le jour viendra où la colonie sera dans l'impuissance de s'acquitter, la France, comme le disait Burdeau, « sera là pour payer ». Et elle paiera.

Mais, au point de vue français, il sera permis, peut-être, de trouver regrettable que ce soit pour un pareil résultat que nous aurons consenti les sacrifices et assumé les charges qui auront permis de doter ce pays de son autonomie financière, de ce « budget spécial » dont Burdeau avait si justement prévu qu'il ne créerait « qu'une illusion et qu'un nouveau danger de déficit », et qui constitue, certes, la plus lourde faute que nous ayons commise en Algérie depuis 1830.

(1) *L'Algérie en 1891*, p. 242-243.

IX

LE PAYS

« Nulle contrée, disent MM. Augustin Bernard et Emile Ficheur (1) ne se prête mieux que l'Algérie à être sectionnée en un certain nombre de régions naturelles. Les grandes divisions sont données par les phénomènes du climat, qui amènent à y distinguer : le *Tell*, ou pays des arbres et des cultures ; la *Steppe*, ou pays des graminées et de la vie pastorale ; le *Sahara*, ou région non cultivable, sans eau, sans arbres et sans culture, sauf dans les oasis et par l'irrigation. Bien entendu, il n'y a pas là, comme on se l'imagine parfois, trois bandes ininterrompues de largeur constante ; il existe des îlots boisés ou cultivables dans la steppe et le Sahara, des îlots de steppes et de déserts en plein Tell. Tout dépend de l'abondance et de la répartition des pluies ; or, si la quantité des pluies est principalement déterminée par la distance à la mer, d'autres circonstances telles que l'altitude, l'exposition, etc., viennent modifier et parfois même annuler celle-là. » Cependant, « en Algérie, c'est dans le sens de la latitude, que se suivent les diverses formations, de sorte que les facteurs géologiques agissent en général dans le même sens que les facteurs climatiques, et concourent à diviser le pays en une série de zones sensiblement parallèles au littoral, en une succession de bandes allongées et étroites. C'est là, certainement, comme on l'a depuis longtemps reconnu, le trait caractéristique de la configuration de l'Algérie ».

« L'orographie algérienne, dit d'autre part M. Maurice Wahl (2), comporte deux grandes divisions : au nord, entre la mer et les Hauts-Plateaux, les montagnes du Tell ; au sud entre les Hauts-Plateaux, et le désert, les montagnes du Sahara... Presque partout, les montagnes surgissent au bord, même de la mer, cachant derrière leur dos des plaines ou de larges vallées au-delà desquelles apparaissent encore des montagnes. Il y a donc lieu de distinguer une zone littorale et une zone intérieure ».

MM. Auguste Bernard et Emile Ficheur avaient dit en d'autres termes (3) :

« Considérée en masse, l'Afrique du Nord est une haute terre, un énorme socle, dont les chaînes montagneuses forment les rebords et les gradins. Il faut franchir ces bordures montagneuses lorsque, de l'intérieur de l'Algérie, on veut gagner, soit la Méditerranée, soit le Sahara. Les plaines basses, Chéliff, Mitidja, voisines du littoral, ne couvrent qu'une superficie restreinte. Le reste est occupé par des saillies montagneuses, arêtes ou massifs, et par de hautes plaines faiblement ondulées »,

---

(1) *Les régions naturelles de l'Algérie* extrait es « Annales de Géographie, » Tome XI, 1902.
(2) *L'Algérie*, 4' Ed. p. 4.
(3) *Op. cit.* p. 222.

Il convient d'insister sur ce point, car il est d'une importance particulière au point de vue qui nous occupe : l'Algérie n'est qu'un brusque et immense relèvement en plateau mamelonné ; elle ne possède au niveau de la mer qu'une bande littorale à peine indiquée, n'existant même pas dans le plus grand nombre des cas, puisque presque tout son rivage est constitué par des falaises à pic ou un bourrelet sahélien sans largeur, entre la mer et l'intérieur des terres. Entre ce bourrelet et le rivage, règne un climat particulièrement tempéré, dû à l'influence directe de la mer, mais qui cesse brusquement dès le versant opposé. Prenons un fait typique : à Alger, les bananiers mûrissent normalement dans la partie du Jardin d'Essai située dans la petite plaine du Hamma ; ils gèlent sur le même domaine, derrière le coteau parallèle à la mer, l'influence marine n'y étant plus directe.

Ce bourrelet franchi, on entre dans le Sahel.

« Le Sahel d'Alger, disent MM. Augustin Bernard et Emile Ficheur (1) est une région aux ondulations molles et douces, presque unique en Algérie, et propre, par son aspect véritablement enchanteur, à donner une idée très fausse et par trop favorable, de cette contrée sévère, aux contrastes violents, où dominent les chaînes escarpées et les plaines monotones. Dans cet ensemble le Sahel d'Alger, que connaissent seulement tant d'algériens et de touristes, forme une sorte de hors d'œuvre ».

En effet, pour peu que l'on s'enfonce un peu dans l'intérieur, on se heurte de suite aux steppes des Hauts Plateaux. Il n'y a pas besoin d'aller bien loin : jusqu'à la ligne des faîtes, entre 60 à 100 kilomètres de la côte tout au plus.

Toute la colonisation se meut dans cette faible bande, limitée par une ligne presque parrallèle au rivage passant par Souk-Ahras, Sétif, Boghari, Tiaret, Saïda et Tlemcen, et qui ne représente pas le tiers, même pas le quart de l'Algérie.

On y voit successivement disparaître l'oranger, puis la vigne et l'olivier, qui s'avancent plus au nord en France qu'ils ne s'étendent au sud en Algérie en partant du rivage. Si la zone marine renferme certaines plantes exotiques fort intéressantes, d'ailleurs communes à l'Espagne et à l'Italie méridionales, même à notre côte d'Azur de Provence, on ne retrouve plus sur les Hauts-Plateaux que la végétation de l'Europe centrale. La plus grande partie des végétaux qui vivent facilement au centre et surtout dans le nord-ouest de la France, même dans certaines parties de l'Angleterre, ne peuvent plus résister, en Algérie, à partir de la ligne des faîtes, c'est-à-dire dépasser une limite extrême située en moyenne à 80 kilomètres environ de la mer.

Aux arêtes de ces altitudes le climat marin cesse en effet brusquement sur la partie orientale, et le versant steppien n'offre plus, à hauteur égale et souvent inférieure, qu'une végétation moindre par une météorologie plus dure.

____

(1) *Op. cit.* p. 240.

Et plus loin, sauf dans les quelques oasis du sud où l'on voit à nouveau prospérer le dattier, cette végétation disparaît même pour faire place aux maigres touffes ensablées qui émaillent le Sahara.

*
* *

Que cette réalité correspond peu et à l'illusion persévérante que nous convervons généralement en France, — parce que nous ne la connaissons pas, — au sujet de l'Algérie, et aux espoirs merveilleux qu'avait fait naître la conquête ! L'Algérie, était un nouveau Pays de Cocagne, où tout poussait sans effort, surabondamment. En 1848, le *Moniteur* reproduisait un article dithyrambique du *Courrier Français* s'écriant : « Les citoyens qui vont s'y rendre n'auront pour ainsi dire qu'à la frapper du pied pour en faire sortir les moissons, les herbes potagères et les arbres à récolte : vigne, oliviers et mûriers (1) ». L'Algérie devait nous approvisionner de café, de thé, de coton, de cochenille, d'indigo, de canne à sucre, de cacao, de poivre, de cannelle, de vanille, de manioc, de quinquina, — que sais-je ! — de toute la gamme des produits exotiques et coloniaux. Et c'était là une opinion exprimée par des agronomes distingués, Loiseleur-Delonchamps, Gaudichaud, de Mirbel, Gasparin (2) ; et les nombreux échecs, en particulier du Dr Liautaud à l'Oued-Boutan (Miliana), et de M. Delorme au pied des coteaux du Hamma, n'ont pas encore eu complètement raison de cette vieille idée irrémédiablement fausse qui repose sur une méconnaissance absolue du climat véritable de l'Afrique du Nord.

Car, si l'on sait sans doute maintenant quel est le régime des vents dans la colonie, et si l'on ne conteste pas l'existence du souffle brûlant et asséchant du *sirocco* ; si l'on n'ignore plus quel est le régime de ses pluies qui, rares, torrentielles, mal réparties, insuffisantes et inopportunes, constituent un gros obstacle au

---

(1) Cité par Yves Guyot, *Lettres sur la Politique Coloniale*, p. 32.

(2) Cependant de simples colons faisaient entendre une note à la fois plus prudente et plus juste :

« Tout vient à profusion en Algérie... Le thé, le café, la canne à sucre, le coton la cochenille, l'indigo, tous ces produits tropicaux peuvent y être cultivés avec succès ; mais je ne conseillerai jamais pour ma part à nos colons de tenter ces essais ruineux. D'abord le climat africain ne diffère que peu de celui du Midi de la France ; et ensuite, tel produit qui réussit à merveille dans une pépinière du Gouvernement, sur une petite échelle, et à force de soins et d'argent, pourrait bien faire défaut dans une exploitation particulière ou le temps et les capitaux sont précieux. L'anana est fort répandu en Russie, mais on sait ce qu'il coûte.

« Suivons donc les errements des premiers occupants, et gardons-nous des écoles.

« Aucun effort humain ne peut changer la constitution du sol, ni conjurer l'influence du climat ».

(*Quelques réflexions sur la situation présente de l'Algérie* par A. C. colon à Alger, chez Bastide, imprimeur-libraire, août 1845, pages 45 et 46).

développement normal de la végétation (1), on ignore encore, généralement, que l'Algérie est un pays à hiver marqué, où les refroidissements très accentués sous zéro sont communs, vifs et intenses, à formation de glace, des bords de la mer aux confins du Sahara. Nous vivons toujours sur la légende de « l'Algérie pays chaud ». A vrai dire, cette formule n'est pas tout à fait fausse ; elle est surtout incomplète.

L'Algérie est un pays chaud où les froids occasionnent de cruels ravages.

**

L'Algérie est un pays chaud. Il n'est pas rare d'y constater, l'été, sur le littoral même, des températures de plus de 40°, et, à la bordure saharienne, de plus de 50°.

Mais c'est aussi un pays froid. Les chiffres ci-dessous ont été relevés dans les stations météorologiques du réseau officiel :

Localités	Altitude	Minima absolus
Aflou	1.426 m.	— 12°
El-Aricha	1.350 m.	— 14°
Géryville	1.307 m.	— 13°
Téniet-el-Haâd	1.160 m.	— 11°
Djelfa	1.159 m.	— 16°
Sétif	1.096 m.	— 11°
Mécheria	1.071 m.	— 9°2
Batna	1.054 m.	— 13°6
Tiaret	1.005 m.	— 9°2
Aumale	886 m.	— 12°
Saïda	837 m.	— 9°
Tlemcen	800 m.	— 4°
Laghouat	750 m.	— 8°7
Boghari	600 m.	— 9°
Constantine	600 m.	— 10°
Bou-Saâda	580 m.	— 10°8
Bel-Abbès	474 m.	— 7°

---

(1) « En Algérie, comme dans tout le bassin de la Méditerranée, les pluies on leur saison ; elles commencent généralement en septembre et s'arrêtent en mai. Ces huit mois sont assez inégalement partagés ; la répartition des pluies n'est pas régulière, et varie suivant les années. Dans les régions tempérées, la pluie annuelle, distribuée sur un grand nombre de jours descend goutte à goutte, de manière à s'infiltrer lentement dans les profondeurs du sol. En Algérie elle s'abat par averses violentes qui ravinent et dégradent les terrains ; il n'est pas rare de recueillir 30 ou 40 millimètres en 24 heures. Sans transition, l'inondation succède à la sécheresse ; le champ qu'on a vu la veille assoiffé, fendu de crevasses, est noyé le lendemain. Les pluies sont plus fréquentes en Europe, mais plus intenses en Algérie. Ces chutes d'eau torrentielles rappelleraient plutôt les tropiques ; mais aux Antilles, aux Indes, dans le Soudan, les pluies sont régulières et abondantes. En Algérie, elles ont leurs caprices, variant non pas seulement dans leur répartition, mais aussi dans leur quantité.

« L'abondance des eaux pluviales décroît ou augmente suivant les latitudes, l'élévation du sol, l'exposition, les vents dominants. La zone la mieux partagée est la partie haute de la Kabylie, vers le Djurjura ; à Fort-National, la moyenne est de 1 mètre environ. Le littoral de la même région, vers Djidjelli, recueille de

Ceux qui ne nient pas ses abaissements du degré atmosphérique disent que se sont là des chiffres « pris aux altitudes »; comme si l'Algérie n'était pas un immense relèvement en plateau mamelonné, et comme si la plaine basse n'en constituait pas qu'une infime exception. D'ailleurs, ces plaines n'échappent pas aux duretés de l'hiver ; la fournaise estivale d'Orléansville s'éteint parfois au point de révéler — 9°. Ce fut le cas en février dernier, 1906 ; la neige couvrait la ville et les environs, et il y avait de la glace sur les canaux d'irrigation.

Il ne faudrait pas croire non plus que ces froids cessent au Sahara. J'ai recueilli moi-même, dans les premiers jours de mars 1905, aux environs de Touggourt (alt. 69 m.) à 9 heures 1/2 du matin, en plein soleil, des morceaux de glace à moitié fondus, mais ayant encore près d'un centimètre d'épaisseur, nageant sur une seguia. M. Cornu, chef des cultures de l'Oued-Rhir, a constaté — 4°4 en janvier 1897 dans l'oasis d'Ayata (alt. — 12 m.) En avril 1883, à deux jours de marche de Tripoli, allant au devant d'une caravane d'autruches, M. Ch. Rivière constatait — 2°. Enfin *sous le tropique*, vers le massif montagneux d'Anahef (alt. 1.100 m. environ) l'explorateur Foureau enregistrait, le 3 janvier 1899, un minimum absolue de *dix degrés quatre dixième au-dessous de zéro*.

Cette intensité des froids devient encore plus frappante si l'on compare les minima enregistrés dans les staions algériennes avec ceux enregistrés, par exemple, dans les stations européennes de Paris, Yarmouth et Stockholm, les mêmes jours, à la même heure dans les mêmes conditions.

Pendant l'hiver 1905-06, on a enregistré (d'octobre à mars).

Jours de froid totalisant		Minima absolus
à Djelfa	106	442°
à El-Aricha	104	439°
à Aflou	74	226°
à Aumale	40	105°
et à Paris	43	99°
à Yarmouth	17	30°
à Stockholm	99	452°

Ce ne sont cependant pas là les froids les plus préjudiciables à l'agriculture algérienne.

---

900 millimètres à 1 mètre. Le reste de la Kabylie, Algèr et ses environs, le nord-est de la province de Constantine, reçoivent de 700 à 800 millimètres. Pour les autres parties du Tell, la tranche annuelle est moins haute que dans les plaines, où elle ne dépasse guère 500 millimètres, que dans les montagnes et sur le littoral, où elle atteint à 600. Où peut remarquer aussi une décroissance assez régulière de l'est à l'ouest ; il pleut moins à Oran qu'à Cherchell, à Bel-Abbès qu'à Boufarik, et à Tlemcem qu'à Médéa. Sur les Hauts-Plateaux, la moyenne s'abaisse à 400 millimètres. A Biskra et à Laghouat, elle n'atteint pas 200. Plus au sud en plein Sahara, la pluie devient un accident exceptionnel ; elle tombe à plusieurs années d'intervalle, et fait époque dans la vie des habitants ». (Maurice Wahl, l'*Algérie*, 4ᵉ Ed., pages 22-24).

Les froids les plus intenses et les plus dangereux, la météorologie officielle ne les enregistre pas.

Pourquoi ?

Pour une excellente raison : parce qu'elle poursuit ses observations dans un but bien déterminé, la prévision du temps, suivant un système conventionnel et officiellement adopté, c'est-à-dire sur des instruments abrités, placés à une certaine hauteur, dans les cours des hôpitaux militaires, sur la terrasse des mairies même dans des phares. Cette constatation de l'état du temps, faite à la même heure, suivant une méthode unique, peut certes donner à la science des indications générales précieuses sur la variation des mouvements atmosphériques ; mais on conçoit qu'elle ne saurait évidemment traduire, même approximativement, les actions thermiques aux environs du sol ni les impressions subies par les êtres organisés en contact immédiat avec lui.

La météorologie *dynamique* du réseau officiel ne considère que des valeurs prises dans des conditions particulières, avec des instruments placés à 2 m. 60 de hauteur et recouverts d'une double toiture, dans un lieu d'observation abrité, dont le sol est souvent damé ou pavé. La température des corps, des végétaux, du sol, et les actions physico-chimiques qui s'opèrent à sa surface sont des éléments qui ne l'intéressent point ; elle cherche au contraire à se soustraire à leurs effets, pour déterminer les mouvements horizontaux, ascendants ou descendants de l'atmosphère, et les lois qui les régissent.

Or, les végétaux n'évoluent pas sous un abri à double toiture, à 2 m. 60 au-dessus de la terre, c'est-à-dire dans des conditions où ne peuvent se manifester ces exagérations de rayonnement et de radiation, qui ont tant d'action sur la vie végétale et animale. et qu'enregistrent au contraire, avec la plus grande netteté. des instruments nus placés en plein champ au voisinage du sol.

Les données de la météorologie *dynamique*, résultant d'une méthode spéciale et toute conventionnelle, établie exclusivement en vue de la prévision du temps, ne sont donc pas applicables à la météorologie *statique*, c'est-à-dire à la climatologie agricole.

L'honneur d'avoir précisé cette distinction nécessaire et d'en avoir montré toute la haute importance par une série d'expériences poursuivies pendant plus de trente-cinq ans, revient à M. Charles Rivière, le savant directeur du Jardin d'Essai d'Alger (1).

.

« Au début de la période de trente-cinq années, dit M. Charles Rivière (2) pendant lesquelles j'ai fait des observations météorologiques du nord au sud de l'Algérie et quelquefois plus loin, j'ai

---

(1) Je ne saurais trop recommander la lecture du très remarquable travail dans lequel il a résumé ses observations : « *Refroidissements nocturnes de l'air et du sol en Algérie, en Tunisie et au Maroc* ». (Bibliothèque des Cultures Coloniales) Paris 1904.

(2) *Op. cit.* p. 11 *et seq.*

en beaucoup de peine à déterminer la véritable intensité du froid sur des végétaux qui en portaient pourtant les traces apparentes.

« Les instruments des services officiels de météorologie dynamique par l'effet même de leur disposition et de leur situation, donnaient des indications insuffisantes et inexactes pour la climatologie. Le thermomètre-fronde lui-même, se mouvant dans une couche d'air relativement haute, et pas au moment opportun, tout en indiquant un chiffre autre, se rapprochant plus de la vérité, n'expliquait pas cependant les effets de la désorganisation des végétaux par le froid.

« Dans la première série de mes observations au Jardin d'Essai d'Alger, mon attention avait été particulièrement attirée sur des désastres complets d'acclimatation dus à des abaissements de température que les instruments d'observations dynamiques n'accusaient que très relativement, sans jamais se rapprocher du point de congélation. Les chiffres enregistrés par l'observatoire d'Alger confirmaient ceux de notre station. Cependant il y avait de la gelée blanche sur certains terrains et sur beaucoup de plantes dont beaucoup étaient fortement altérées ; enfin, on trouvait parfois le matin de minces couches de glace sur de l'eau accidentellement stagnante.

« C'est alors que des expériences faites avec des instruments *nus* à minima, supportés par de simples fourchines de hauteurs diverses ne subissant donc aucune influence de protection contre le rayonnement ou les courants, fournirent bientôt de précieuses indications sur les nombreux refroidissements nocturnes, surtout sur ceux de la couche d'air voisine du sol, qui désorganisent nos plantes délicates d'origine tropicale ou intertropicale.

« Une discussion assez sérieuse, et qui mérite d'être signalée, que j'eus avec un savant russe, de Tchihatchef, alors en séjour à Alger, me fit apporter encore plus d'attention à l'étude de ce genre de phénomèmes thermiques.

« On sait que ce savant, correspondant de l'Institut de France, auteur de travaux très importants sur l'Asie Mineure, s'occupait avec passion, — ayant été le traducteur du remarquable ouvrage de Grisebach, *Végétation du Globe*, — de toutes questions se rattachant à l'étude des phénomènes physiques qui constituent les climats.

« Dans l'une de ses nombreuses visites au Jardin d'Essai pendant l'hiver 1877-78, j'eus l'occasion de lui signaler des refroidissements à glace qui avaient altéré beaucoup de végétaux. Ce savant fut quelque peu rebelle à la constatation des effets de ce gel, qui paraissait si peu compatible avec le milieu de végétation tropicale dans lequel il se trouvait. Ce froid, disait-il, ne concordait pas avec les chiffres recueillis aux thermomètres abrités de la station du Jardin d'Essai, ni avec ceux de l'observatoire national, à Mustapha, où ce savant avait été relever la lecture des instruments.

« Cependant la constation des *minima* de thermomètres *nus* lui parut une observation irréfutable, confirmée par l'état déplorable de quelques plantes intéressantes fort maltraitées par le froid.

« On retrouve la trace de cette anecdote dans son livre *Algérie et Tunisie*, 1878, pages 160 et suivantes.

« Le contrôle de M. de Tchihatchef porte sur deux séries de nos observations prises sur des thermomètres *nus* placés à 0 m. 10 au-dessus du sol.

14 janvier 1878	....	— 2°5
15 —	....	— 1°5
16 —	....	— 2°5
17 —	....	— 3°5
18 —	....	— 1°
19 —	....	— 2°
15 mars 1878	....	— 4°8
16 —	....	— 2°6
17 —	....	— 3°

« Un grand nombre de végétaux souffrirent et d'autres périrent dans cette série d'intempéries, de mars notamment, qui ne sont pas exceptionnelles, et que nous avons vues par la suite quelquefois encore plus prononcées.

« Les quelques météorologistes et agronomes qui firent quelque attention à ces constatations, admirent, comme de Tchihatchef, l'abaissement bien marqué au-dessous de zéro, mais ils crurent devoir corriger l'intensité du phénomène en ne lui accordant qu'une action fugace, presque instantanée, se produisant seulement à l'aurore.

« Un grand nombre de veillées me permirent cependant de constater que certains de ces froids étaient de longue durée, que le lever du soleil n'avait aucune influence sur la production des *minima* extrêmes, et que, d'autre part, les instruments *nus* marquaient un degré de froid d'autant plus accusé que l'on se rapprochait de la surface du sol.

« La découverte des instruments enregistreurs de fonctionnement très pratique, vint faciliter ces observations nocturnes en les décrivant minutieusement et automatiquement, supprimant, fort heureusement, toutes les théories et les déductions de l'observateur, qui n'est plus qu'un lecteur ou un contrôleur quand il a bien déterminé ce qu'il veut connaître des phénomènes météoriques ».

⁂

La caractéristique de ces refroidissements sous zéro révélés par la méthode inaugurée par M. Ch. Rivière, est qu'ils ne se produisent que dans la couche inférieure de l'air, près du sol, dans une épaisseur d'un mètre ; et c'est pourquoi les thermomètres abrités situés à 2 m. 60 de hauteur ne les accusent pas, enregistrant même de la chaleur alors que la couche d'air qui avoisine le sol ne dépasse pas — 5°, quelques fois davantage, et que des végétaux sont désorganisés par le froid.

Voici par exemple, les résultats d'une observation faite par M. Ch. Rivière, dans la nuit du 25 au 26 décembre 1898.

Hauteur au-dessus du sol	Degrés
10 mètres	+ 7°
1 m. 50	zéro
1 m.	— 1°4
0 m. 50	— 1°5
0 m. 25	— 2°
0 m. 10	— 4°

Les chiffres ci-dessous, qui résultent de toute une série d'observations, manifestent bien l'intensité particulière du phénomène :

Température constatée

à l'observatoire-abri	à 0 m. 10 au-dessus du sol thermomètre *nu*
+ 5°9	— 2°8
+ 3°3	— 1°7
+ 3°9	— 4°
+ 6°	— 3°9

Ces chiffres montrent combien est fausse l'indication donnée par le thermomètre-abri, au point de vue qui nous occupe de la climatologie agricole. Et cette fausse indication est d'autant plus grave qu'elle change entièrement l'appréciation de l'action atmosphérique réelle, puisque, au lieu de la chaleur enregistrée, c'est un froid accusé qui s'est produit.

On se rendra compte de toute l'importance de ces réfrigérations par rayonnement nocturne lorsqu'on saura que, sur le littoral même, il s'en produit en moyenne une cinquantaine de fois par an, et plus de cent fois sur les Hauts-Plateaux ; que de plus, contrairement à l'opinion généralement admise, elles n'ont pas lieu seulement qu'à l'aurore, et ne sont pas que momentanées ; qu'elles se prolongent au contraire pendant plusieurs heures, quelquefois toute la nuit ; qu'enfin elles se manifestent ordinairement par séries de plusieurs jours, et non seulement en hiver, mais au printemps. Circonstance aggravante, ces énormes chutes thermiques sont généralement suivies d'un brusque relèvement de température déterminant une véritable insolation. En effet, dans la plupart des cas, les intenses réfrigérations de la couche basse de l'air produites par des ciels lumineux et profonds sont suivies quand vient le jour d'un magnifique éclairement du ciel et même d'une puissante radiation solaire ; on voit alors l'inscription actinométrique monter presque en ligne droite, dénonçant une amplitude qui atteint parfois 40° en moins de trois heures. Dans de pareils cas, le végétal ne meurt pas seulement par l'altération du protoplasma ou par dislocation des tissus sous l'action du froid ; mais aussi et surtout par le dégel rapide qui détermine une sorte de congestion précipitant à l'extérieur ou dans les lacunes cellulaires les liquides vitaux des cellules (1).

Les chiffres de M. Ch. Rivière sont d'autant plus intéressants à constater qu'ils ne sont pas des extrêmes, puisqu'ils ont été relevés au Jardin d'Essai d'Alger, c'est-à-dire dans une station littorale, sur le rivage même, exceptionnellement favorisée par le climat et où l'on trouve un remarquable groupement des formes végétales des zones intertropicales présentant un luxuriant développement.

Des abaissements notables de température au-dessous de zéro se produisent donc en Algérie, non seulement dans la zone marine, mais sur le rivage même, malgré l'influence régulatrice des grandes masses d'eau. Et, plus on s'éloigne du littoral, pour s'avancer vers les Hauts-Plateaux, qui sont en grande partie sous l'influence du climat steppien, plus l'altitude et la grande diathermanéité de l'air provoquent la fréquence et l'intensité des rayonnements nocturnes. Les écarts indiqués par le thermomètre nu placé au voisinage du sol sont bien plus accusés encore dans ces régions que sur le littoral, ainsi qu'il ressort en particulier des observations auxquelles s'est livré à Moudjebeur près de Boghari, déjà dans le climat steppien, M. Couput, alors directeur du Service Pastoral.

**

C'est à ces froids ignorés qu'il faut attribuer l'échec en Algérie de toutes les tentatives de cultures tropicales qui y ont été faites, et que seules les données officielles de la météorologie dynamique, données radicalement fausses, nous l'avons vu. au point de vue particulier et essentiel de la climatologie agricole, ont pu faire croire possibles. C'est à ces minima nocturnes réitérés dans la couche inférieure de l'air qu'il faut attribuer en grande partie l'état presque stationnaire de l'agriculture dans ce pays, et peut-être l'inefficacité des engrais, que nous avons relatée dans les pages précédentes ; c'est à eux qu'il faut attribuer surtout le faible rendement des céréales algériennes, dont les épis portés sur de courts chaumes sont soumis au printemps à des oscillations quotidiennes de température qui les font passer presque instantanément d'un froid rigoureux à la plus aride insolation, ainsi qu'en témoigne au surplus la dessication de l'extrémité de leurs feuilles.

**

---

(1) Le relèvement spontanément vertical du trait inscripteur marque bien le moment où cessent l'action *thermique* pour devenir *actinométrique*. Cette inscription ne doit pas être considérée comme erronée, bien au contraire, et l'on pensera certainement que l'enregistreur qui décrit automatiquement le moment où le premier rayon solaire, sans avoir encore échauffé l'air, impressionne les corps vivants ou inertes, donne une très précieuse indication, c'est-à-dire l'impression réelle ressentie par ces corps gisant jusqu'alors dans une couche froide au-dessous de zéro.

Ce n'est malheureusement pas tout.

Toutes ces désastreuses influences météoriques : pluies rares, torrentielles, mal réparties, insuffisantes et inopportunes ; *siroccos* de printemps et d'été brûlants et asséchants ; abaissements nocturnes fréquents, intenses et prolongés du degré thermique, sont aggravées de ce fait que la qualité de la terre, en Algérie, laisse presque partout, énormément à désirer.

La terre est « sale » Dépourvus d'humus, elle contient trop souvent une excessive proportion d'argile, qui rend le sol imperméable, et qui, quand les terres détrempées par une averse violente viennent à subir un coup de soleil, se transforme en une espèce de « terre cuite, » en une sorte de croûte très dure, qui emprisonne les végétaux. Cela se remarque particulièrement dans les soi-disant alluvions, qui sont bien des alluvions, mais, presque partout, des alluvions de glaise.

Quand les terrains ne sont pas argileux, ils sont alors crétacés, pauvres et secs, nuisibles aux cultures arbustives, surtout parce que le plus grand relèvement crétacé se trouve dans la partie la plus pauvre en pluie.

Enfin, les terres sont trop souvent salées.

Voici ce que dit à ce sujet M. J. Dugast, directeur de la station agronomique d'Alger, dans une brochure officielle publiée à l'occasion de l'Exposition Universelle de 1900 (1) :

« La salure du sol, eh beaucoup de points de l'Algérie, a été remarquée dès le début de l'occupation. Un des premiers géologues qui aient exploré notre grande colonie, Fournel, s'exprime ainsi à cet égard : « Le muriate de soude est répandu à profusion dans les terrains qui constituent le sol de l'Algérie ».

« Cette constatation faite, on a été frappé des conséquences importantes qui pouvaient en résulter : d'une part, utilisation impossible, au point de vue agricole, des terrains fortement chargés de sel ; d'autre part, l'existence d'eaux salées ne pouvant qu'ajouter aux sécheresses si accentuées dans le pays.

« On rencontre les terrains salés en Algérie dans un grand nombre de régions sous forme d'affleurements plus ou moins étendus. Mais la salure du sol n'est pas restreinte aux lambeaux de terrains renfermant des dépôts salins ; elle s'est peu à peu étendue aux terrains avoisinants, primitivement dépourvus de sel, et on peut constater, depuis quelques années, l'envahissement progressif des terres cultivées par le sel.

« Il y a dans cette extension progressive du sel en Algérie un péril qui mérite d'attirer vivement l'attention ; sous l'influence du sel qui les imprègne, les terres deviennent improductives et rebelles à la culture.

____

(1) *Agrologie*, p. 47 *et seq.*

« L'assainissement des terrains salés est difficile à réaliser en Algérie. Les eaux météoriques sont toujours en proportion insuffisante pour conduire au dessalement ; il en est de même des eaux d'irrigation » — lesquelles d'ailleurs contiennent presque toutes une excessive proportion de sels.

« On trouve les terrains salés sur tous les points les plus divers de la colonie. Mais, à cet égard, le département d'Oran est de beaucoup le plus atteint. Le sel est devenu un véritable fléau pour cette région : dans les environs de Rio-Salado, on trouve des vignes dépérissantes par le sel » ; à Bou-Sfer, à Misserghin, « il y a de nombreux points attaqués par le sel » ; « les vignobles de Relizane présentent de nombreuses taches salées ».

J'ajouterai que le grand domaine de l'Habra est actuellement en dépérissement complet, par suite du sel.

X

CONCLUSIONS

« Bien que l'Algérie, disent MM. Augustin Bernard et Emile Ficheur (1), occupe sur la carte une étendue considérable, la terre utilisable y est en quantité très limitée : l'utiliser de la meilleure manière possible, c'est tout le problème algérien ; et c'est un problème essentiellement géographique, dont l'étude du sol et du climat peut seule nous fournir la solution. »

C'est la seule dont on ne se soit pas, officiellement, préoccupé.

Et les mêmes auteurs concluaient :

« Au point de vue de la colonisation, les îlots fertiles et susceptibles d'appropriation sont séparés par de vastes espaces, les uns quasi désertiques, les autres bien arrosés mais trop escarpés pour la colonisation européenne. Ces îlots ne sont même pas tous voisins du littoral : les marnes oxfordiennes de Saïda, le Sersou, le versant nord de l'Aurès, sont plus colonisables que la plaine du Chéliff, celle de Bou-Ghezoul, même que l'Ouarsenis ou la petite Kabylie. Et, si l'on veut tirer d'une étude de géographie physique des conséquences pratiques, on arrivera à celle-ci d'abord que, vraisemblablement la colonisation européenne ne formera jamais dans ce pays que des taches séparées par de grandes régions qui resteront plus ou moins complètement indigènes ».

Une étude qui s'est prolongée pendant près de trois ans, et au cours de laquelle j'ai parcouru plus de 8.000 kilomètres, du nord au sud et de l'est à l'ouest de nos possessions françaises de l'Afrique du Nord, ne me permet pas, et je le regrette, de conclure autrement que MM. Augustin Bernard et Emile Ficheur.

J'irai même plus loin.

L'Algérie, pour l'européen, est un pays pauvre.

Et c'est un pays sans avenir.

L'Algérie est un pays pauvre, quoiqu'en croient et quoiqu'en disent ceux qui ne la connaissent pas, parce que, sauf en ce qui concerne son étroite bande littorale, d'ailleurs à peine marquée et qui en constitue en quelque sorte la façade trompeuse, son climat est inclément et son sol infertile.

C'est un pays sans avenir parce qu'il ne conduit à rien ; le Sahara constitue pour lui, au point de vue économique, une barrière infranchissable ; il suffit, pour n'en plus douter, de consulter les « documents scientifiques » de la mission Foureau-Lamy.

---

(1) *Op. cit.*, p. 436-437.

Qu'on ne me fasse pas dire ce que je ne dis pas ; qu'on ne me fasse pas conclure, ainsi que M. Félix Dessoliers (1), à la ruine fatale, irrémédiable, prochaine, de ce pays.

L'Algérie est un pays où l'on vit, où l'on peut vivre sans prospérer ; — où l'on vivrait mieux ; où, en tout cas, la population ne s'appauvrirait pas comme elle l'a fait depuis vingt-cinq ans, n'était la mauvaise administration, le gaspillage et le désordre dont les documents que j'ai reproduits dans le chapitre consacré à la situation financière ne donnent qu'une idée très atténuée, et qu'il ne me convient pas de discuter ici.

Ce sera l'objet d'un prochain travail.

Emile MACQUART.

---

(1) « Que l'on interroge le mouvement des exportations, que l'on consulte le « rendement de l'impôt, et, d'une façon générale, que l'on scrute les diverses « manifestations de la vie économique, la conclusion qui s'impose, la note qui « toujours retentit est celle-ci :

« Non, l'Algérie n'est pas prospère, elle ne s'enrichit pas, elle s'appauvrit, elle « se ruine ».

La situation économique de l'Algérie. par M. Félix Dessoliers, articles publiés dans « *l'Algérie Nouvelle* » (1896), t. I, pages 69 et 23.

TABLE DES MATIÈRES

BLIDA. — IMPRIMERIE ADMINISTRATIVE A. MAUGUIN.